高速公路监控员工作投入度分析及其提升策略

金林轶　张凡　唐星　王金　著

西南交通大学出版社
·成都·

图书在版编目（CIP）数据

高速公路监控员工作投入度分析及其提升策略 / 金林轶等著. --成都：西南交通大学出版社，2025.8.
ISBN 978-7-5774-0585-8

Ⅰ.U491.1

中国国家版本馆CIP数据核字第20250C2S37号

Gaosu Gonglu Jiankongyuan Gongzuo Tourudu Fenxi Jiqi Tisheng Celüe
高速公路监控员工作投入度分析及其提升策略

金林轶　张凡　唐星　王金　著

策划编辑	张华敏
责任编辑	张华敏
封面设计	原谋书装
出版发行	西南交通大学出版社 （四川省成都市金牛区二环路北一段111号 西南交通大学创新大厦21楼）
营销部电话	028-87600564　028-87600533
邮政编码	610031
网　　址	https://www.xnjdcbs.com
印　　刷	成都蜀通印务有限责任公司
成品尺寸	170 mm×230 mm
印　　张	10
字　　数	225千
版　　次	2025年8月第1版
印　　次	2025年8月第1次
书　　号	ISBN 978-7-5774-0585-8
定　　价	56.00元

图书如有印装质量问题　本社负责退换
版权所有　盗版必究　举报电话：028-87600562

Preface　前　言

高速公路监控室对公共安全具有深远的影响，提升此类控制系统的安全性是人因工程研究的核心议题。人因工程研究的核心在于探讨人类与技术之间的互动关系，其中也涵盖了对人类当前体验的关注。然而，当前的监控系统研究大多集中于提升人机互动的效率与效果，却较少从监控员使用技术时的投入度角度展开研究。但如果监控员以消极的、低投入的工作态度使用先进的、高可用性的系统，系统的预期效果将大打折扣。因为投入度高能够显著提升监控员的工作表现，并激发员工工作的主动性，这对于应对高安全级别监控室中的突发风险至关重要。此外，这种研究视角的缺失也会导致相关研究的不完整性，错失从体验角度提升系统安全性的机会。现有研究多从系统缺陷的角度出发，例如减少错误率和工作疲劳，相比仅仅关注减少故障与低效，从积极心理学的角度关注积极结果与促进高效，或许能为改善系统效率和安全提供新的思路。因此，本书提出关注与监控员工作福祉强相关的工作投入体验，引入关键概念"监控员全情投入"，这种工作体验不仅有利于功利方面（如工作表现和绩效），也有利于状态和情绪方面（如积极的工作心态和个人发展）。为了系统地、有针对性地提升监控员的全情投入度，本书强调了理解和测量监控员全情投入度动态特性的重要性，助力监控员以更良好的心态去积极高效地工作。

本书是一本研究与实践相结合的专业著作，旨在通过科技手段优化高速公路监控系统的界面设计，提升监控员的工作投入度。书中详细探讨了工作投入度的相关理论，结合用户体验、任务分析、动态管理等多维视角，构建了一个系统化的研究框架；同时本书还介绍了监控任务的特性与复杂性，提出了基于实时反馈技术和智能化界面的创新设计方案，以便更好地应对监控员工作中出现的投入度波动；同时，本书还采用定性和定量方法探讨了人类学和人工智能（AI）在调查和提升监控员投入度方面的潜在作用。

本书的特色在于理论与实践并重，既涵盖了工作投入度、任务管理等前沿理论，又结合了监控任务的实务操作与技术改进策略。书中提供了丰富的图表、任务分解示例及动态调整模型，帮助读者深入理解复杂监控环境下的操作需求和人机交互设计方案。

本书为如何通过技术手段提升监控员的工作效率与投入感提供了宝贵的理论依据和实用工具，适合从事交通管理、监控系统设计、人机交互、用户体验研究等领域的科研人员与工程师阅读。

本书的出版为拓展高安全级别监控室领域内优化系统安全的渠道和人工智能在安全关键领域的应用提供了借鉴，为未来用户研究与人工智能在安全领域的结合搭建了基础。

在本书的撰写过程中，笔者参考和借鉴了部分同行专家的研究成果和文献资料，其中大部分已列入参考文献，在此向这些同行及专家们表示诚挚的谢意。

受专业水平及时间和条件所限，书中提出的理论难免有不足之处，敬请读者批评指正。

作 者

2025 年 6 月

Contents 目 录

第1章 绪 论 ··· 1
    1.1 高安全级别监控系统 ····················· 1
    1.2 监控员的重要工作体验：工作投入感 ········ 3
    1.3 监控员全情投入度 ······················· 4
    1.4 测量监控员投入度 ······················· 5
    1.5 基于人工智能的监控员投入度测量 ········ 5
    1.6 研究范围 ······························· 6
    1.7 研究框架 ······························· 7

第2章 监控员投入度文献综述 ··················· 10
    2.1 高安全级别监控室和监控员 ·············· 10
    2.2 用户体验 ······························ 11
    2.3 工作领域的用户体验 ···················· 12
    2.4 工作投入度的定义 ······················ 12
    2.5 监控员的工作投入度 ···················· 18
    2.6 影响监控员投入度的因素 ················ 25
    2.7 工作脱离、职业倦怠与工作投入度的关系 ·· 29
    2.8 投入度的动态性质与测量 ················ 31
    2.9 文献综述总结 ·························· 35

第3章 研究监控员投入度方法总览 ··············· 37
    3.1 研究框架 ······························ 37
    3.2 研究假设 ······························ 37
    3.3 研究哲学 ······························ 38
    3.4 研究投入的方法总结 ···················· 46

第4章 高速公路监控任务梳理 ··················· 47
    4.1 高速公路监控任务分析背景及原理 ········ 47

4.2　方法设计 …… 48
　　4.3　任务流程的细化与分类 …… 52
　　4.4　高速公路监控任务分析总结 …… 65

第 5 章　监控员投入度动态变化特点和 界面设计策略 …… 67
　　5.1　监控员工作投入度动态变化特点 …… 67
　　5.2　以用户为中心的案例研究 …… 68
　　5.3　分析结果 …… 77
　　5.4　动态管理监控员投入度的界面设计建议 …… 88
　　5.5　界面设计结论 …… 94

第 6 章　实时数据分析与监控状态评估 …… 95
　　6.1　身体姿态与投入度 …… 95
　　6.2　实时测量监控员投入度的方法设计 …… 95
　　6.3　动态测量监控员投入度 …… 110
　　6.4　实时评估监控员投入度方法框架总结 …… 115

第 7 章　总结与未来展望 …… 117
　　7.1　导　言 …… 117
　　7.2　局限和措施 …… 119
　　7.3　对理论和实践知识的贡献 …… 119
　　7.4　总　结 …… 121

参考文献 …… 122

附录 1 …… 137

附录 2 …… 138

附录 3 …… 139

附录 4 …… 143

附录 5 …… 144

附录 6 …… 146

附录 7 …… 147

附录 8 …… 148

第 1 章　绪　论

1.1　高安全级别监控系统

在现代社会中，高安全级别监控管理系统（如图 1.1 所示）提供的服务与公众的日常安全密切相关。例如，交通监控室的职责是识别并及时应对道路上发生的各类紧急事件（Fallahi 等，2016）；CCTV 监控室则旨在保障公共场所安全（Smith，2004）；核电站监控室专注于实时监控核设施的运行状况，并在发生紧急情况时迅速组织和指导应急响应行动（Savioja、Liinasuo 和 Koskinen，2014）。总体而言，监控室通过协调相关人员和资源，能最大限度地减少交通事故及影响，保障公众安全。作为系统运行的关键操控者，监控员在高安全级别监控室中扮演着至关重要的角色，他们的工作直接影响着监控系统的运行效率和整体安全性。

图 1.1　高安全级别监控室示例

监控员的工作表现受多种因素的影响，其中包括管理风格、个人特征、能力以及性格等多维度因素。在这些因素中，人因因素（human factors）在相关研究中得到了广泛认可与深入讨论（Kirwan 和 Ainsworth，2014；Matthews、Warm 和 Smith，2017）。人因因素对优化监控员工作表现至关重要，因为它直接关系到态势感知（situational awareness）、决策制定、技术互动、福祉（well-being）以及工作满意度等关键领域（Claypoole 和 Szalma，2017；Wright、Chen

和 Barnes，2018）。通过深入研究人因工程（human factors engineering）的复杂性，可以提出有效的设计策略，帮助提升监控员的工作表现，从而确保监控活动的安全性和高效运行。

用户体验（user experience，UX）作为人因工程的一个重要子领域，越来越受到学术界和行业实践的重视。然而，目前的研究主要集中在技术进步和认知因素的测量上（Peppa 等，2018；Sarikan 和 Ozbayoglu，2018；Formosa 等，2020；Chen 等，2021），对用户体验的探讨相对不足。深入理解监控员如何与监控室技术互动，以及这种互动如何影响监控员的工作表现，对全面提升系统的安全性至关重要（Savioja、Liinasuo 和 Koskinen，2014；Schaeffer 和 Lindell，2016），因为这不仅有助于更全面地理解人因因素，还能制定出有效的干预措施，提升系统的安全性和运行效率。

随着人工智能（AI）等先进技术的引入，监控系统的效率得到了显著提升。AI 技术的应用使得系统能够更加高效地检测和预测异常情况，从而提高监控员的工作效率。然而，这一进步可能对监控员的任务性质产生深远影响。具体而言，监控员的角色可能会从主动识别潜在风险转变为更多地进行监督和控制（Peppa 等，2018；Formosa 等，2020；Chen 等，2021）。然而，相关研究指出，人类在持续的监控任务中可能无法始终保持高效，因为警觉性和注意力可能随监视时间的延长而降低，疲劳感也会逐渐加剧（Pop 等，2012）。此外，监控员的工作心态对技术和人体工程学设计是否能够发挥预期效果至关重要（Yousif Ali 和 Ali Hasaballah，2010）。例如，消极的工作态度可能会削弱监控员主动发现和处理风险的意愿，因此，在探索 AI 技术带来的新机遇时，必须重视监控员与技术的互动及其投入度。

高安全级别监控管理系统中的人因工程学研究通常聚焦于如何消除负面工作的影响，例如量化工作负荷、排除突发事件中的错误以及避免警觉性下降等（Dadashi、Stedmon 和 Pridmore，2013；Bernhardt 等，2019）。然而，积极心理学的研究强调，探讨工作中的积极因素同样不可忽视，应从单纯应对消极问题转向培养个体的最佳品质（Seligman，2002）。例如，增强监控员面对不可预测风险时的应变能力（Hollnagel 等，2011）也是提升监控员工作表现的重要途径之一。监控员的投入感作为一种积极的工作体验，对于提升其在高压力环境下的工作表现具有至关重要的作用。因此，如何提升监控员的情绪投入度和工作积极性，将是优化监控系统安全性和效率的重要研究方向。

1.2　监控员的重要工作体验：工作投入感

情绪在很大程度上影响个体的行为，尤其是在监控员的工作环境中，其情绪状态和体验对工作质量与效率产生显著作用。人类的情绪体验本质上是多变且复杂的，这些情绪反应对监控员的工作行为和心态有着深远的影响，因而不可忽视（Smith，2004）。监控岗位长时间待命应对突发性事件这样高强度的工作性质，容易导致监控员的情绪疲惫与心理负担，比如，工作热情消退和自信心缺失等负面情绪。这些消极情绪不仅影响个人的工作表现，还可能对安全监控工作带来潜在的风险。

已有的研究表明，用户体验在安全关键领域的作用非常重要（Savioja、Liinasuo 和 Koskinen，2014；Schaeffer 和 Lindell，2016），在安全系统设计的战略决策中，应将用户体验纳入考量（Kaasinen 等，2015），这一转变反映了用户体验不仅与安全操作直接相关，还与监控员的工作动力、身心健康密切关联（Simonsen 和 Osvalder，2015）。比如在安全关键型监控环境中，监控员的投入度成为衡量其工作质量的重要指标，并逐渐成为学术和实践领域的研究重点（Smith、Blandford 和 Back，2009；Schaeffer 和 Lindell，2016；Jin、Mitchell 和 May，2020）。

大量研究表明，监控员的投入度与工作表现、员工福利以及企业成果之间存在积极的关联（Schaufeli 和 Bakker，2004；Bakker 和 Demerouti，2008）。在空中交通管制领域，投入度有助于缓解监控员警觉性下降的问题（Pop 等，2012）；在铁路安全监控室，高投入度的监控员往往能提升个人能力，并展现出更加尽职尽责的行为（Smith、Blandford 和 Back，2009）；在发电厂监控室，投入度高的监控员表现出更强烈的工作成就感（Schaeffer 和 Lindell，2016）。这些研究成果表明，监控员的投入感能增强其对控制系统操作时的积极性和工作效率，从而提升系统运行效率并确保系统安全。

此外，监控员的投入度不仅仅影响其工作表现，还与其心理健康紧密相关。由于监控岗位的高压力环境，情绪疲劳和职业倦怠问题常常发生，这些问题如果得不到有效缓解，将对监控员的长期表现和健康造成不良影响。通过精心设计的监控系统界面，能够显著改善监控员的工作投入度。良好的界面设计不仅能减少认知负担、提高任务的可读性和可管理性，还能增强任务的意义、自我效能感和工作自主性，最终帮助监控员提高工作积极性和投入度。通过实时反馈、奖励机制、团队协作支持以及适当的压力管理措施，监控系统界面能够为监控员提供更为轻松和灵活的工作环境，推动其在高度挑战的工作中保持长时间的高效投入。

1.3 监控员全情投入度

在公共安全领域，监控员的投入度不足已成为亟待解决的关键问题（Izsó 和 Antaiovits，1997；Jin、Mitchell 和 May，2020）。监控员低投入度不仅会导致工作效率下降，还可能对公共安全构成潜在威胁。监控室的工作性质要求监控员必须在长时间内保持高度集中和警觉。然而，实际工作中，由于单调和重复的工作内容，监控员容易产生疲劳和懈怠，进而影响其工作效能。因此，如何提升监控员的投入度，尤其是在高安全风险的环境中，已成为一项紧迫的课题。

体验驱动设计作为一种有效的策略，核心目标在于预先定义期望的体验，并通过设计策略促进这种体验的实现（Kaasinen 等，2015）。在提升监控员投入度的研究中，体验驱动设计方法显得尤为重要。通过系统地理解并设计监控员的工作体验，可以有效地增强其投入度，从而提升整体工作效率和安全性。然而，目前的研究大多集中于高安全级别监控室中效率和效益的提升，较少直接探讨监控员投入度与工作福祉之间的关系。例如，现有研究主要将投入度与警惕性（Matthews 等，1999；Matthews、Warm 和 Smith，2017）和工作负荷（Migliorini 等，2022）等指标联系在一起，这些指标关注的是狭义的投入度概念，而忽略了全情投入度对监控员福祉和工作表现的全面影响。

狭义的投入度通常强调优化员工行为，以满足雇主或组织的需求，从而为组织带来直接的效益（Robertson 和 Cooper，2010）。然而，从用户体验的角度出发，监控员全情投入度的系统性研究仍较为匮乏。全情投入度是一个包含奉献精神（Schaufeli 等，2002）、动力和积极情绪（Kahn，1990）等关键特征的概念，且与工作中的福祉密切相关（Robertson 和 Cooper，2010）。仅关注狭义的投入度可能导致监控员面临心理健康风险，同时削弱其工作表现。因此，提升监控员全情投入度，不仅有助于改善工作表现，还能对监控员的心理健康和整体福祉产生积极影响。

尽管已有少数研究探讨了监控员全情投入度在高安全级别监控室中的应用（Smith、Blandford 和 Back，2009；Schaeffer 和 Lindell，2016；Jin、Mitchell 和 May，2020），但相关研究仍然处于初步阶段，且对"监控员全情投入度"的深入理解和强化仍在不断发展之中。未来的研究应进一步探讨如何通过体验驱动设计方法提升监控员的全情投入度，进而为安全监控系统提供更高效、更人性化的设计方案。这不仅有助于增强监控员的工作动力，还能在高压力环境下保障公共安全的持续有效运行。

1.4 测量监控员投入度

投入度是影响任务执行效率和质量的关键因素之一。缺乏对监控员投入度的充分测量，可能会阻碍对这一重要经验的深入理解、准确解释和有效改进，也会影响对干预措施效果的评估。为了全面评估监控员的投入度，当前常用的测量方法主要包括自我评估调查问卷，如邓迪压力状态问卷（DSSQ）（Matthews 等，2017）和简短压力状态问卷（SSSQ）（Bernhardt 和 Poltavski，2021）。这些问卷能够有效地洞察监控员的投入度状态，尤其是在监控任务中情绪和心理压力的变化方面。然而，这些方法依赖于监控员的自我评估，因此可能无法准确反映实时的投入度水平，且容易受到主观偏差的影响（Reinerman-Jones、Matthews 和 Mercado，2016）。

现有的问卷调查工具在一定程度上有助于理解监控员的投入度，目前还提出了自动化的客观测量方法如脑电图（EEG）作为监控员投入度测量的潜在技术。脑电图技术可以实时监测空中交通管制员在执行常规任务时的投入度（Bernhardt 等，2019）。尽管如此，这些方法在实际工作环境中的应用受到了一定限制。脑电图等传感器设备可能分散监控员的注意力，尤其是在高压、繁重的工作环境下，可能会对监控员的集中度产生干扰，从而对安全至关重要的监控任务构成潜在风险。因此，这些技术目前仅限于在模拟实验室中使用，而实验室环境所获得的数据往往难以与实际工作场所的情境直接对接（Fallahi 等，2016）。

虽然随着技术的发展，自动测量监控员投入度的研究和工具也不断取得进展，但在高安全级别监控室中，尚未出现成熟的实时自动测量系统，特别是在高安全级别监控环境中，如何确保监控员投入度的有效监测和分析仍是一个待解难题。未来的研究重点应关注开发更为精确、实时且适应实际工作环境的投入度测量工具，这不仅有助于更全面地理解监控员的工作表现，还能为系统设计提供更为科学的数据支持，从而实现更高效、安全的监控系统设计和运营。

1.5 基于人工智能的监控员投入度测量

人工智能（AI）技术的迅猛发展为实时评估人类在真实环境中的投入度提供了新的可能性（Villa 等，2020）。将生物统计学与人工智能相结合，这一方法已成为评估投入度的重要工具，具有非侵入性、高效性和精确性等显著优势。以教育领域为例，机器学习技术已能够通过分析视频数据，从学生的面部表情自动识别其投入度（Whitehill 等，2014）。此外，深度学习技术也被成功应用于分析学生的行为和姿势来检测其投入度，并取得了令人满意的成果（Klein 和 Celik，2017）。这些技术的应用展示了人工智能在评估人类心理状态、行为反应及投入度方面的巨大潜力。

在监控员的投入度评估中，人工智能同样展现了其关键作用。AI 技术能够通过实时数据分析，提供监控员在工作过程中的投入度变化信息。这不仅为设计提升投入度的策略提供了精确的数据支持，也为高安全级别监控室的管理提供了更加科学和实时的依据。通过将 AI 技术与生物统计学相结合，监控员的投入度评估变得更加客观、实时，并且能够减少人为误差和主观偏差。因此，人工智能技术的应用为监控员全情投入度的提升奠定了坚实的基础，为高安全级别监控室的运营提供更精准的管理依据，进而促进监控系统的高效、安全运营。

1.6 研究范围

本研究旨在调查监控员的全情投入度，并基于研究结果实施相应的干预措施以提升监控员的工作表现，保障系统安全。全情投入度是指个体在工作中表现出的积极性、充实感、自信心、全神贯注以及愉悦感等情感和心理状态，其具有明显的动态变化特征。正如 Kahn（1990）所指出，个体的投入度在认知、情感和行为层面会随着时间的推移而发生变化（Sonnentag、Dormann 和 Demerouti，2010；Yonekura、Kajiwara 和 Shimakawa，2016），这种动态性质在监控工作中尤为突出，因为监控员必须长时间保持高度集中，而疲劳、单调的工作内容常常导致其投入度的波动。因此，深入研究监控员全情投入度的动态变化特性是定制化人因设计的关键，具体研究内容包括：

（1）探索调查监控员全情投入度动态变化的适当方法。

（2）分析影响监控员投入度的关键因素

（3）解释和测量监控员投入度的动态变化。

本研究选择高速公路监控室的监控员作为研究对象，主要基于以下三个原因：第一，高速公路监控室的工作流程和目的在安全领域监控系统中具有代表性；第二，现有研究表明，高速公路监控员普遍存在投入度不足的问题（Jin、Mitchell 和 May，2020；Jin 等，2022），这一现象可为本研究提供丰富的研究对象，从而有利于提升投入度方法的提出；第三，作者能对多个高速公路监控室开展调研，获取关键数据，如工作视频和监控员对工作的评论等，为本研究提供宝贵的、全面的第一手资料。

1.7 研究框架

工作投入度与员工心理状态、工作表现及生产成果之间的联系使其成为企业关注的核心体验之一。本研究以高安全级别监控室为背景，通过对相关文献的广泛综述，探讨当前关于不同工作类型和监控员工作投入度的研究成果，明确关于监控员投入度的概念及其研究方法。

研究框架可主要归纳为五大部分：建构"监控员全情投入"、筛选投入度研究方法、监控任务分析、监控员投入度的动态管理和监控员投入度测量。这五大部分共同构成了对工作投入度的全面理解，涵盖了其定义、如何提升投入度的策略、实施投入度测量的挑战以及对未来研究方向的展望。本研究的框架不仅为监控员投入度的理解提供了理论支持，还为未来的研究提供了明确的路径，帮助进一步探索如何通过优化监控系统界面设计来提升监控员的工作投入度，从而保障系统的安全性和工作效率。

1.7.1 建构"监控员全情投入"

通过文献综述得知，现有监控领域的人因研究常常局限于关注人体工程学设计和技术改进对效率与效果的提升，往往忽视了某些潜在的关键性因素，例如投入度，这可能对系统安全产生重大威胁。本研究主要从三个维度展开分析：

（1）工作投入度研究的意义：深入探讨工作投入度对个人成长和组织发展的益处，强调投入度在促进员工满意度和效率方面的关键作用。

（2）投入度与类似概念的区分：通过对工作投入度（Schaufeli等，2002）与个人投入度（Kahn，1990）的详细剖析，理清投入度与其他相关心理学概念（如动机、情感等）的区别。

（3）工作类型和投入度研究主线：分析不同工作类型中投入度的研究成果，并探讨监控员工作投入度的特殊视角，特别是在监控室环境中使用自动化系统情境下的投入表现。

通过上述分析提出了"监控员全情投入度"的新概念，结合不同工作类型的投入度理论与监控员在安全关键环境中的特殊需求，建构了一个全方位的投入度概念，既关注监控员的福利，又强调其工作表现和系统安全的提升。

1.7.2 筛选投入度研究方法

本研究从方法论的角度详细阐述了如何选择和解释监控员投入度的研究方法，主要包括以下四个步骤：

（1）研究领域：明确本研究所涉及的核心领域，并与现有的工作投入度研究进行对比，确保选择的方法适应实际场景和研究目标。

（2）研究假设：提出假设，探讨监控员投入度的影响因素及其动态特征。

（3）研究过程：阐述研究的执行步骤，包括数据收集、分析工具选择、假设检验等。

（4）结论：根据研究结果提出关于投入度测量的建议和对现有方法的评估，帮助进一步完善监控员工作表现的评估体系。

1.7.3 监控任务分析

本研究详细描述了监控员在高速公路监控室中执行的主要任务，探讨了他们在执行任务时的思维过程与工作体验，分析了任务的复杂性、对专注力的要求以及工作内容的单调性，指出这些因素如何影响监控员的投入度，并提供优化工作流程的建议。

1.7.4 监控员投入度的动态管理

本研究深入探讨了高安全级别监控室中监控员的投入度及其动态变化，揭示了多种影响因素，分为情境因素和个体因素两大类：

（1）情境因素包括工作氛围、设备设施等。情境因素影响监控员的心理和物理工作环境，进而影响其投入度。例如，良好的工作氛围和先进的设备设施能提升监控员的工作积极性和专注度。

（2）个体因素包括心理状态、技能等级等。个体因素决定了监控员如何应对工作任务，影响其投入度水平。焦虑、压力等负面心理状态会降低监控员投入度，而高技能水平则有助于提升其工作表现和投入度。

此外，本研究提出了脱离和倦怠状态的转化机制，强调通过合适的工作设计和干预措施（如优化工作流程、增强团队协作和提供心理支持等），监控员的心理状态可以从消极转向积极，从而激发其全情投入的工作动力。

1.7.5 监控员投入度测量

本研究创新性地提出了一种结合人工测量和基于视觉的身体姿态数据分析的监控员投入度测量方法，具体包括：

（1）人工测量：通过观察监控员的行为和表情，并结合自我评估数据，确定典型的投入度状态，如高度集中、分心、疲惫等，这些状态为后续的自动化测量提供了标准依据。

（2）自动化测量：采用Openpose算法和支持向量机（SVM）模型，基于实时视频数据分析监控员的身体姿态，提取出反映其投入度状态的特征数据（如头部角度、肩部张开程度、手臂活动频率等），通过 SVM 模型将这些姿态特征数据映射到具体的投入度状态，实现实时的投入度评估。这种方法具有以下优势：

① 实时性：能够实时获取监控员的投入度状态，避免了延迟和误差。
② 客观性：基于视频分析，减少了人为偏差。
③ 低侵入性：无须穿戴复杂的设备，减少了对监控员工作的干扰。

自动化测量的方法为监控员投入度的自动化、实时评估提供了新的途径，有助于提升工作效率和监控室的安全性。

第 2 章　监控员投入度文献综述

本综述通过广泛参考监控室操作、商业和组织心理学领域已发表的研究，旨在系统梳理和分析高安全级别监控室中监控员工作投入度的研究现状，并探讨可行的研究方法。综述的具体内容涵盖了多个重要方面，包括高安全级别监控室和监控员的基本概念、用户体验在工作中的应用、工作领域的用户体验与工作投入的定义、监控员工作投入的特殊性、影响工作投入度的各类因素以及与工作投入度相关的概念，如工作脱离和职业倦怠等，旨在为高安全级别安全监控室监控员的工作投入度研究提供全面的理论框架和方法论指导。

2.1　高安全级别监控室和监控员

根据 BS EN ISO 11064-1:2001 标准，监控室被定义为执行集中控制、监控与管理职责的核心功能实体及其相关的物理结构。其安全运行对确保公众安全至关重要。随着技术的进步，监控室的功能变得愈加复杂，监控员不仅要管理日益复杂的系统，还需要在高压环境下快速响应突发事件，处理来自不同来源的信息，进行合理的优先级排序和决策，并在紧急情况下作出准确判断，从而确保系统的持续稳定性和安全性。这些工作要求以及持续的心理压力可能导致疲劳、焦虑或心理倦怠，从而影响监控员的决策能力和工作表现。

研究表明，影响监控员工作表现的主要心理因素包括工作量（Van 等，2024；Dobson，2015）、警惕性（McIntire 等，2014；Reinerman-Jones、Matthews 和 Mercado，2016）、情境意识（May、Mitchell 和 Piper，2014；Stevens-Adams 等，2015）以及工作投入度（Jin 等，2023）。这些因素直接影响监控员与系统的互动效果，并最终影响到系统的运行效果。例如，若监控员始终以消极的态度使用监控系统，系统的预期效果和效率可能会受到严重损害；如果监控员缺乏积极性，管理层倡导的改进措施则可能无法有效落实（Yousif Ali 和 Ali Hasaballah，2010）。

监控员的工作负荷和心理状态与他们的工作效率及决策质量密切相关。因此，优化监控员的心理负荷、维持健康的心理状态是保障系统安全高效运行的重要途径。为了提升监控员的工作效率和心理健康状态，设计有效的工作支持系统以减轻监控员的心理负荷并促进其积极的心理状态至关重要。具体措施包括合理的任务分配、优化工作环境、利用技术手段辅助决策以及提供心理支持和培训等，这些措施可以帮助监控员在高压环境中保持高水平的投入度和决策质量，从而确保系统的安全稳定运行。

2.2 用户体验

根据 ISO 9241-210:2019（第 3.15 条），用户体验被定义为用户因使用产品、系统或服务而产生的感知和反应。

用户的看法和反应包括用户在使用前、使用中和使用后的情绪、信念、偏好、看法、舒适度和行为。

2.2.1 用户体验的特征

用户体验是系统、产品或服务的品牌形象、表现形式、功能、性能、交互行为及辅助能力的综合体现。此外，用户体验还来自用户身体内部的生理状态，这些状态来自于先前的经验、态度、技能、能力和个性以及使用环境。

用户体验有以下 3 个固有特性：

（1）用户体验是多种影响因素的产物。用户体验并非存在于"真空"之中（Buchenau 和 Suri，2000），它是一种主观感受，主要受以下四组因素的共同影响：

① 用户的内部状态（例如个人期望、倾向、要求、情感、动机等）。

② 设计系统的特征（例如复杂性、目的、可用性、功能性等）。

③ 互动发生的环境（例如社会或组织环境、活动的意义、使用的自愿性等）（Hassenzahl 和 Tractinsky，2006）。

④ 用户当前的体验受到先前体验和期望的影响（Kankainen，2003）。

（2）用户体验是当下的感觉。对当下感觉的描述源于与环境（例如产品、服务）的互动或对环境的评价，它是一种随时间变化的动态现象（Hassenzahl，2008）。

（3）用户体验是整体感受。体验是一个不可分割的、有意义的整体心理概念，涉及情感、认知和行为等多个方面（Hassenzahl，2011）。

2.2.2 有关用户体验的"非功能性"和"功能性"的争论

关于用户体验的效应范围，学术界一直存在争议，通常可以大致分为"非功能性"和"功能性"两种观点。

"非功能性"观点认为，体验本质上是一种有意义的、亲身经历的事件，而非通过事件获得的知识。这种观点强调体验本身是"超越目标"的存在，关注积极的情感、享乐和审美品质等因素（Bargas-Avila 和 Hornbæk，2011）。根据这一观点，理想的体验应该通过与产品或服务的互动，满足人类对享乐体验的需求，例如自主性、能力、刺激、相关性和受欢迎程度（Hassenzahl，2011）。这种体验更多聚焦于情感反应和愉悦感，认为满足用户在心理和情感上的需求能提升整体体验。

相对而言，"功能性"观点主张，理想的体验不仅应强调工作任务的愉快方面，还应探讨其对产品本身质量的更广泛影响，特别是其对实用功能的响应（Hassenzahl，2008）。这一观点认为，如果产品或系统的实用性和可用性受损，用户即使在情感上感到愉悦，也难以拥有积极的整体体验。这一点在工作领域尤为明显。例如，如果员工因系统功能不足而无法有效完成任务，他们就很难实现自主性或胜任感，从而影响工作体验的质量和效益。

因此，理想的"用户体验"应当在"非功能性"和"功能性"之间找到平衡，不仅关注工作任务的愉悦性，还需要与产品的功能性相结合，确保工作效率与愉快体验的双重实现。

2.3 工作领域的用户体验

Kaasinen 等人（2015）将工作场所的体验定义为"一个人在工作环境中使用产品、服务或系统的感受，以及这种感受如何塑造自己的工作形象"。越来越多的学者指出，在工作环境中，体验本身就非常重要，因为良好的互动能让员工更好地追求目标（Harbich 和 Hassenzahl，2017），工作体验可作为评估工作系统的指标（Savioja、Liinasuo 和 Koskinen，2014），并能激发员工的福祉（Simonsen 和 Osvalder，2015）。良好的工作体验在给员工带来快乐的同时，能促成有价值目标的达成。

2.4 工作投入度的定义

2.4.1 工作投入度的积极影响

工作投入度的积极影响大致可分为两类：功利性益处和愉悦性益处。功利性利益代表有形利益，如团队和部门利益或员工工作表现利益。愉悦性益处强调了体验上的愉悦，例如积极的精神状态、愉悦的体验和福祉。

1）功利性益处

（1）投入的员工可能会更加高效地完成任务（Christina、Garza和Slaughter，2011）。

（2）投入的员工通常更有创造力和生产力。他们更愿意付出额外的努力。由于团队成员之间的投入度具有跨心理安全效应，因此投入度有助于优化团队工作表现（Bakker和Demerouti，2008）。

（3）投入度是积极组织行为的重要预测因素之一（Yousif Ali 和 Ali Hasaballah，2010）。

（4）高投入度对于取得与成功、高效工作表现等相关的重要成果至关重要（Robertson和Cooper，2010）。

2）愉悦性益处

（1）投入的员工通常会体验到积极的情绪，包括幸福、快乐和热情；体验到更好的健康状态；他们通常会将自己的投入感传递给他人（Bakker和Demerouti，2008）。

（2）工作投入会带来健康、生活满意度和福祉的改善（Shimazu等，2015）。

（3）投入的员工拥有健康的职业心理状态，而不是压力感；他们认为自己的工作具有挑战性；他们对自己的工作充满活力和有效的联结（Bakker等，2008）。

从功利性益处和愉悦性益处可以看出，通过加强工作中的投入度，可以创造出更高效、更具生产力的劳动力和更好的员工福祉。因此，相关研究呼吁采取恰当的设计来提升安全监控室中监控员的投入度（Smith、Blandford和Back，2009；Schaeffer和Lindell，2016；Jin、Mitchell和May，2020）。投入作为一种体验，可以借助体验设计加以改良，所以首先应定义所期望的体验，随后才可以生成可能激发这一体验的设计（Kaasinen等，2015）。

2.4.2 与投入度相似的概念

工作投入度作为一种心理状态，涵盖了个体对工作任务的情感、认知及行为表现（Kahn，1990）。这一概念与其他一些工作相关的心理学概念（如工作满意度、工作参与度、组织承诺和组织公民行为）有着一定的重叠，但它们各自具有独特的内涵和侧重点。理解这些相似概念之间的差异，有助于明确工作投入度在本研究中的定义和应用。

1）工作满意度

工作满意度通常被定义为个人对其工作角色的喜爱程度（Smith、Kendall 和 Hulin，1969）。与工作投入的重叠之处在于，两者都涉及与工作相关的态度维度。然而，工作满意度是一种相对稳定的工作态度，主要关注员工对工作环境的总体感知；而工作投入度则强调的是工作态度的动态和瞬时特性（Shuck 等，2013）。此外，工作投入度涉及的层面远比工作满意度更广泛，工作投入度并不局限于对工作的总体喜爱度或满意度（Leiter 和 Maslach，2003），还涉及注意力、动力、工作表现等等（Kahn，1990），例如，员工可能因为高薪而对工作感到满意，尽管他们认为工作本身乏味。此外，两者在对组织的影响方式上也有所区别，比如，工作满意度可能会直接影响员工的留任，而高工作投入度的员工往往更容易感受到工作福祉和给出更积极的工作表现（Bakker 和 Demerouti，2008）。

2）工作参与度

工作参与度是指员工对工作的热情和参与程度（Sorenson，2013）。这一概念在认知维度上与工作投入度有着明显的相似之处（Shuck 等，2013）。然而，工作参与度与工作投入度之间的主要区别在于，前者专注于员工对工作的认知层面，而非行为表现（Saks，2006），工作参与度更多地涉及员工在工作中的心理状态，如他们对任务和角色的认同感（Shuck 等，2013）；与之相比，工作投入度则更强调员工在具体任务中的精力投入和表现（Shuck 等，2013；Leiter 和 Maslach，2003）。可以认为，高工作投入度可能是工作参与度的先决条件，因为投入度较高的员工更倾向于认同自己的职业角色，并全情参与到工作中（May、Gilson 和 Harter，2004）。

3）组织承诺

组织承诺是指员工对其所在组织的忠诚度及其在组织内的依赖关系，通常反映了员工愿意为组织付出的程度（Shaheen 和 Farooqi，2014）。组织承诺和工作投入度虽然都涉及员工对工作相关因素的依恋感（Shuck 等，2013），但两者的核心区别在于其关注点。工作投入度侧重于员工对任务或角色的心理状态，即他们在特定工作任务中的专注和投入（Shuck 等，2013）；而组织承诺则更多聚焦于员工对组织的忠诚度和归属感，强调的是员工与组织之间的情感联系（Leiter 和 Maslach，2003；Saks，2006）。因此，组织承诺反映的是员工对组织整体的态度，而工作投入度则可能是员工在个别工作任务中呈现的心理状态。

4）组织公民行为

组织公民行为是指员工自愿执行超出正式工作职责范围的行为，这些行为有助于改善团队协作和推动组织效益。尽管组织公民行为与工作投入度有交集，特别是在体现员工积极态度的层面，但二者的侧重点有所不同。工作投入度更多地关注员工在其工作角色中的表现，即员工对正式工作职责的专注和投入度（Saks，2006）；而组织公民行为则是员工在其工作角色之外的额外努力，反映了员工自愿为同事和组织作出贡献。高工作投入度的员工通常会表现出更积极的工作行为，从而可能激发他们在非正式场合中的组织公民行为（Soane 等，2012）。由此可见，组织公民行为可以视为工作投入度的潜在结果之一，尤其是在员工处于高度投入状态时，往往更愿意在工作之外为组织作出额外贡献。

综上所述，尽管工作投入度与工作满意度、工作参与度、组织承诺和组织公民行为在某些维度上存在重叠，工作投入度仍具有其独特性。与其他概念相比，工作投入度提供了一个更为全面和复杂的视角来理解员工与工作之间的关系（Leiter 和 Maslach，2003）。具体而言，工作投入度综合了认知、情感和行为三个层面的因素（Kahn，1990），是员工在其工作任务中情感、专注和表现的总和（Saks，2006）。此外，工作投入度的独特性还在于它强调角色的工作表现，尤其是在主动承担额外工作和团队协作方面。了解工作投入度与其他相关概念之间的区别，有助于更准确地定义和测量监控员在工作环境中的投入度，从而为优化工作设计和提高工作效率提供理论支持。

2.4.3 四种投入度定义

工作场所的投入度一般可分为四个主题进行研究：员工投入度、职业倦怠与工作投入度、个人投入度和工作投入度（Simpson，2009）。这四种投入度在影响员工的方式上有相似之处，因为它们在本质上是相互交织的，只是在定义上各有侧重。

1）员工投入度

员工投入度的概念起源于早期的工作满意度和员工承诺概念（Yousif Ali 和 Ali Hasaballah，2010）因此，员工对雇佣组织的态度通常被认为是员工投入度的重要维度之一。然而，本研究的重点并非员工对组织的态度，而是更侧重于员工对任务和工作的态度及其工作表现。因此，员工投入度并不在本研究的讨论范围内。

2）职业怠倦与工作投入度

职业倦怠与工作投入度的关系已成为当代工作投入度研究的重要组成部分（Bakker 等，2008）。这一领域的研究通常将职业倦怠与工作投入度视为两个极端（Maslach、Schaufeli 和 Leiter，2001；Leiter 和 Maslach，2003）。职业倦怠通常被描述为精疲力竭、冷漠和效率低下（Maslach 和 Leiter，1997），而工作投入度则被归结为精力充沛、专注和高效。然而，Schaufeli 等人（2002）的研究指出，这种定义很难全面概括工作投入度的特征，特别是忽略了"吸收"这一重要因素。吸收是指个体深度投入工作中的状态，通常被视为工作投入度的关键特征之一（Bakker 等，2007；Bakker 和 Demerouti，2008；Bakker、Demerouti 和 Sanz-Vergel，2014）。Reid（2011）进一步指出，个体在全神贯注地投入工作时，可能会体验到心流（flow），这种体验表现为注意力完全集中在任务上，忽视任何其他问题，几乎感觉不到时间的流逝（Csikszentmihalyi，2002）。虽然职业倦怠与工作投入度理论承认投入与心流或吸收之间存在联系，但却没有清晰地定义这些联系。因此，为了对工作投入度进行全面、综合和有效地概念化，职业倦怠与工作投入度的定义并不是本研究的主要参考对象。

3）个人投入度

个人投入度一词最早由 Kahn（1990）提出，他将其定义为"组织成员将自我与角色相结合，在这一过程中，人们在履行角色时，运用并表达自己的身体、认知和情感"。个人投入度强调的是个体在工作中的身心投入，涉及认知上的警觉性、情感上的共鸣以及身体上的参与。投入的员工更容易体验到工作中的福祉。Kahn 的理论为个人投入度的研究奠定了基础，他提出了投入感产生的三个基本条件：心理安全、心理意义性和心理可用性。心理安全是指员工感到自由、能够表达真实的自我，而不必担心遭受负面评价；心理意义性则是指员工认为自己的工作具有价值，能够为自己带来物质、情感或经济回报；心理可用性是指员工认为自己具备完成任务所需的身体、情感和心理资源。满足这三项条件时，员工便能感受到投入。

4）工作投入度

Schaufeli 等人（2002）将工作投入度定义为一种积极且充实的精神状态，与工作密切相关。工作投入度包含三个核心方面：活力、奉献和吸收。活力表现为工作时精力充沛、精神饱满，愿意在工作中投入精力，即使遇到困难也能坚持不懈；奉献是指全情投入工作，体验到工作带来的意义、热情、灵感、自豪感和挑战感；吸收则是指全神贯注且愉快地投入工作，感到时间飞逝，很难从工作中脱离（Schaufeli、Bakker 和 Salanova，2006）。高投入的员工通常展现出更高的创造力和生产力，也更愿意付出额外努力（Bakker 和 Demerouti，2008）。此外，投入的员工往往在工作中体验到积极的情绪，如幸福、快乐和热情，从而促进其整体福祉（Bakker 和 Demerouti，2008）。

工作需求-资源（JD-R）模型是一个经过广泛验证的框架，用于解释工作投入度如何通过工作资源、工作需求（Bakker 和 Demerouti，2007）以及个人资源（Bakker 和 Demerouti，2008）之间的互动来调节员工的投入感。与短期或特定状态不同，工作投入度代表了一种相对持久的情感认知状态，它并不集中于任何特定的事件、对象或个人（Schaufeli 等，2002）。然而，尽管投入度通常是长期的，每一段相对较长的投入期仍可能包含一些瞬时的体验，这表明工作投入度也可以作为一种瞬时的心理状态。

2.4.4 对监控员投入度概念定义的启示

Kahn 在 1990 年的研究中对个人投入度的定义通常被视作投入度概念化的开创性研究（Soane 等，2012；Afrahi 等，2022）。Kahn 不仅提供了个人投入度的定义，还提出了工作投入度的三个决定因素，这些因素后来被 May、Gilson 和 Harter（2004）证实为有效。然而，Schaufeli 等人（2002）指出，尽管 Kahn（1990）的研究为理解投入度提供了理论基础，但并未提供一个可操作的方法来衡量投入度。他们进而提出了工作投入度的概念，并定义了可操作的维度，包括活力、投入度和吸收力。此外，Bakker 和 Demerouti（2008）指出，May、Gilson 和 Harter（2004）开发的个人投入度的乌得勒支工作投入度量表（UWES）（Schaufeli 和 Bakker，2003）具有很高的相似性。乌得勒支工作投入量表的编制基于工作投入度的概念（Schaufeli 等，2002）。这表明，个人投入度和工作投入度这两个概念在很大程度上是相互支持的（Bakker 等，2007）。此外，这两个概念都强调了投入度的动态性质，即投入度并不是一种永久稳定的状态；而且这两个概念都描绘了一种类似于"全情投入"的状态，既关注投入的工作表现影响，也强调投入对员工福祉的积极作用（Robertson 和 Cooper，2010）。因此，将这两个概念整合为一个综合的投入度模型是可行的。

另外，体验并非存在于真空中，而是受到多种情境因素的影响（Buchenau 和 Suri，2000），投入作为一种体验也是如此（Simpson，2009）。高安全级别监控室的工作环境和任务与大多数其他类型的工作截然不同，因为其核心任务是减少风险，这在其他工作环境中并不常见。例如，在非紧急情况下，监控员可能会相对清闲，但他们仍需随时准备应对潜在的风险。在这种情况下，高安全级别监控室的监控员投入度可能与其他行业的投入度特征有所不同。因此，未来在设计制定针对性的干预措施时，必须将这一特定工作环境的背景因素纳入考虑。

2.5 监控员的工作投入度

自动化技术在高安全级别监控室中的迅速应用对监控员的工作表现和心理状态产生了显著影响（Cummings 等，2013）。随着自动化技术承担了大部分日常工作，监控员可能会长时间处于待命状态，导致工作变得单调、乏味（Mkrtchyan 等，2012；Roy 等，2016），其后果可能是普遍的低投入或消极的工作表现（Christina、Garza 和 Slaughter，2011）。根据积极心理学的观点，关注的重点不应只是修复错误的事情，还应强调积极的心态和良好的素质（Seligman，2002）。

已有许多研究表明，监控员的投入度对提高监控室监控员的工作表现和福祉具有重要意义。例如，提高监控员的投入度有可能减少空中交通管制中监控警惕性的损失（Pop 等，2012）。在铁路系统的监控室里，监控员更容易经历个人成长和工作表现提升（Smith、Blandford 和 Back，2009）；在发电厂的监控室里，有投入度感的监控员容易体会到工作成就感，并倾向于在工作中采取更负责任的行为（Schaeffer 和 Lindell，2016）。这意味着，在高安全级别监控室领域，监控员的高投入度可对提高系统安全起到积极作用。然而，由于缺乏对如何定义监控员投入度的综合研究，导致对监控员投入度的观察和测量以及适当给予干预措施很难系统地开展。为了全面地了解监控员投入度和为本研究设定理想的监控员投入度定义，本研究对与高安全级别监控室监控员工作相关的三种投入度（即过度投入度、任务投入度和监控员投入度）的定义和决定因素进行了如下综述。

2.5.1 过度投入

过度投入是强调投入中注意力维度的一种投入度定义（Stephens 等，2018），其在安全关键情境中被广泛研究（Imbert 等，2014；Saint-Lot、Imbert 和 Dehais，2020）。过度投入常被描述为注意力隧道（Stephens 等，2018；Migliorini 等，2022），其定义为"在特定信息通道、诊断假设或任务目标上分配注意力的时间超出最优持续时间，从而导致忽视其他信息通道上的事件、未能考虑其他假设或未能执行其他任务的成本增加"（Wickens，2005），比如，导致监控员忽视其他重要信息，例如警报或关键数据（Migliorini 等，2022）。尽管过度投入为描述监控员投入度提供了独特的见解，但高注意力并不等同于心理投入，正如身体投入并不意味着认知投入（Neigel 等，2020）。因此，当前研究的重点并不在于过度投入。

2.5.2 任务投入

在自动监测系统的研究中，Dundee 压力状态（DSSQ）量表被广泛用于测试监控员的任务投入度（Fairclough 和 Venables，2006；Matthews、Warm 和 Smith，2017；Bernhardt 等，2019）。DSSQ 最初的开发目的是解释"压力"这一主观状态的复杂性，因此提出了一个与任务表现相关的三维模型，包括任务投入度、痛苦和焦虑（Matthews 等，2002）。任务投入度综合了精力唤醒（例如，我感到充满活力）、任务动机（例如，我觉得这项任务很有趣）、成功动机（例如，我希望比大多数人表现更好）和专注力（例如，我感到非常专注）（Matthews 等，2013）。

任务投入度的定义通常依赖于三种主要理论：认知资源理论、无意识理论和心智游离理论。然而，针对这三种理论，学界尚未达成一致的结论（Neigel 等，2020），这可能导致对任务投入度的影响因素存在不同的争论。此外，DSSQ 的优势在于能够评估较为全面的信息，例如监控员的心理健康状况和工作表现能力（Matthews 等，2013）。然而，作为一项侧重于评估监控员压力的工具，DSSQ 所描述的任务投入度仍然存在局限性，因为某些在工作投入度中至关重要的因素，例如专注和沉浸体验并未在 DSSQ 中得到充分体现。

此外，那些被"狭义投入度"忽视的特征同样具有重要性，并可能是监控员难以体验工作投入度（Schaufeli 等，2002）和个人投入度（Kahn，1990）的关键因素。例如，监测工作的单调性（Cummings 等，2013）、缺乏尊重和对工作的低认可度（Schaeffer 和 Lindell，2016）、对惩罚的恐惧（Jin 等，2022）等因素，可能会削弱投入度中的敬业感、与幸福感的联系等关键特征。

总体来看，工作投入度中的某些重要特征，例如敬业度、内在动机和幸福感，在任务投入度和过度投入这两个广泛应用的概念中或多或少被忽略。这两个概念主要反映基于人因工程的投入度视角，例如，它们通常与警觉性（Matthews 等，1999；Matthews、Warm 和 Smith，2017）和工作负荷（Matthews 等 1999；Migliorini 等，2022）相关。这种视角类似于"狭义投入度"，其重点在于优化员工行为。优化员工行为通常是雇主或组织关注的重点，因为它能直接为组织带来收益（Robertson 和 Cooper，2010）。然而，单纯关注"狭义投入度"可能会使员工的心理健康面临风险。

总而言之，过度投入和任务投入度可能无法全面代表监控员在工作中的完整投入度，因此它们并非本研究的重点。需要一个能够体现这些重要但被忽略特征的明确的投入度定义，以助于揭示监控员面临的实际问题，并为合适的设计开发提供指导。然而，目前针对监控员投入度的系统性研究较少，特别是从用户体验和民族志研究的角度进行的研究更为罕见。此外，关于如何定义"全面的"监控员投入度，并涵盖投入度的核心特征的相关文献也相对有限。因此，制定一个清晰、连贯、统一的监控员投入度定义是不可或缺的。

2.5.3 监控员投入度

Bainbridge（1983）首次探讨了自动化系统中监控员的投入度问题，并指出随着自动化程度的提高，监控员可能面临一系列心理挑战，包括无聊、工作满意度低以及缺乏成就感等。这些问题反映了自动化对监控员工作模式的深远影响，尤其是在监控员需要长时间保持警觉和低互动的情况下。四十年后，Roto、Palanque 和 Karvonen（2019）通过对相关文献的系统回顾，提出投入度不仅仅是减少挫败感和增强愉悦感、动力及兴奋感的结果，更是成功的人因设计所能激发的关键心理状态。这一观点强调，适当的设计能够激发监控员在自动化系统中维持高水平投入，从而提升其工作表现和系统效率。然而，尽管这些研究已表明监控员投入度的重要性，学术界对自动化系统中的监控员投入度的关注仍显不足。

在安全监控室环境下，已有两项实证研究探讨了监控员在执行任务时体验到的个人投入度（Kahn，1990）及工作投入度（Schaufeli 等，2002）。这两项研究揭示了在安全监控室环境下监控员投入度的关键特征：

（1）研究一：在铁路系统监控室内，监控员在执行重要且具有挑战性的任务时，投入度较高。他们将工作视为解决复杂谜题或填字游戏，工作充满趣味且时间流逝迅速。在这种状态下，监控员能够有效屏蔽同事的干扰，全身心投入到任务中（Smith、Blandford 和 Back，2009）。这种体验与 Csikszentmihalyi（2002）提出的"心流"状态高度契合，表明在高度挑战性任务的驱动下，监控员能够获得深度的心理投入和工作成就感。

（2）研究二：监控员普遍认为自己肩负重大责任，并保持高度警觉，因为他们的工作直接关乎公共安全。在这一责任感的驱动下，监控员愿意投入精力并保持较高的工作投入度，其职业认同感驱动了其高度的责任心和对工作的高度专注（Schaeffer 和 Lindell，2016）。

通过上述研究可以得出结论：适当的工作任务设计、责任感的强化以及挑战性的任务能够有效促进监控员的心理投入，进而提升其工作效率和决策质量。这些研究成果为未来监控室的设计提供了宝贵的实证依据，强调了在高安全级别监控室环境中，通过调节影响投入度的因素，可以"管理"监控员的投入度，从而优化其工作表现与心理健康。

在提高监控员投入度的过程中，识别影响投入度的因素为提出有效的干预措施提供了可能的路径。本研究依据以下三个标准筛选了相关文献，符合标准的研究将被纳入系统性文献综述，以识别影响监控员投入度的关键因素：

（1）研究基于的监控环境与公共安全相关。
（2）研究聚焦于监控员的工作体验。
（3）研究能够揭示影响监控员投入度的特征。

基于上述标准，本研究仅选取了在四种不同监控室环境下进行的六项研究进行分析（见表 2.1）。这项研究分为三个步骤，探讨了监控员投入度的一般情况以及影响其投入或脱离的原因。具体步骤如下：

第一步：回顾了这六项研究中监控员的普遍体验。
第二步：基于第一步的数据分析了监控员投入度的具体情况。
第三步：根据前两步的结论，进一步探讨了影响投入度的具体因素。

表 2.1 左侧列出了四种监控室类型，右侧总结了每个监控室中监控员的工作体验。

表 2.1 监控员的普遍体验

监控室类型	普遍体验
CCTV监控室	监控员普遍感到无聊，几乎没有自主性、自发性、积极性或满足感，他们还感到不受他人（如同事）认可，价值被低估。然而，他们始终面临着巨大的压力，必须毫不拖延地捕捉或应对任何事件（Smith，2004）
	监控员每天都要观看数不清的屏幕图像。不可避免的是，他们无法仔细检查每一个图像。他们可能会觉得自己"既聋又哑"，因为他们一般无法直接干预现场情况，并常常感到无聊（Norris 和 Armstrong，2017）
核电站监控室	监控员常常感觉无所事事、无刺激、乏味和单调，他们经常寻求刺激或兴趣（做一些与工作无关的事情）来克服无聊，但一旦进入工作状态，任何额外的分散注意力的活动或多或少都会被忽略。当发生任何可能的故障时，监控员会感到压力。经常感受到信息超载（Izsó 和 Antaiovits，1997）
	监控员使用熟悉的系统时感觉积极，而在使用相对陌生的系统时则积极感下降（Savioja、Liinasuo 和 Koskinen，2014）

续表

监控室类型	普遍体验
发电厂监控室	监控员对自己的工作感到自豪和满足，因为认为自己的工作对公众安全和生活意义重大。监控员表示，他们只有在被要求承担额外的无关职责时才会感到无聊，例如被要求引导来宾参观监控室。此外，他们觉得自己的工作被其他同事低估了，他们实际上非常负责任，而且始终保持警觉。但考虑到这份工作对安全的重要性和隐患，他们会产生压抑真实想法的感受，即他们不愿意表达对工作的负面情绪，因为承认负面情绪可能代表着蔑视安全（Schaeffer 和 Lindell，2016）
铁路监控室	监控员对系统提供的信息信任度很低，他们很难实时了解现场情况；但他们可以获得一种心理上的安全感，因为他们被允许犯一些错误，这些错误只会影响系统效率，而不会影响系统安全；在高峰时段，当监控员让列车恢复正常运行时，他们会体验到投入感，感到全神贯注、专注、有挑战性、有能力、有动力、有自主性、有应变能力，甚至会感到有趣，他们会感到时间过得很快，有心理安全感和一定程度的满足感。他们在这种时候的体验类似于解决一个特别吸引人的难题或做填字游戏（Smith、Blandford 和 Back，2009）

在表 2.1 所示的六项关于监控室的研究中，有三项研究指出监控员普遍缺乏投入感，这些研究集中在 CCTV 监控室（Smith，2004；Norris 和 Armstrong，2017）和核电站监控室（Izsó 和 Antaiovits，1997）。然而，对于铁路监控室（Smith、Blandford 和 Back，2009）和发电厂监控室（Savioja、Liinasuo 和 Koskinen，2014）的监控员，研究未涉及他们是否普遍缺乏投入感。此外，基于发电厂监控室的研究显示，即使监控员普遍没有报告厌倦感，且表示自己工作认真。但该研究作者推测，这可能是由于监控员认为对涉及高安全的工作表达厌倦感是不被接受的（Schaeffer 和 Lindell，2016）。

表 2.1 所示的六项案例研究中影响投入的相关因素如表 2.2 所示，可大致分为三类：心理意义、心理安全和心理可用性，这些因素与 May、Gilson 和 Harter（2004）以及 Kahn（1990）的研究发现一致。表 2.2 的第一栏列出了这三类因素，第二栏列出了与这些因素相关的低状态和高状态，比如高心理意义和低心理意义。

表 2.2　影响监控员投入度的因素

影响因素	与因素相关的内容
心理意义	1. 低心理意义： （1）监控员观察实际情况的渠道有限并很难直接干预事件；监控工作枯燥无味、标准化、低回报、低自主权、低灵活性、职业晋升机会少；监控员的努力通常得不到系统内其他人员的赏识，工作能力常被低估（Smith，2004）； （2）设备提供低质量数据，监控员很难了解实际情况（Smith、Blandford 和 Back，2009）； （3）监控室的工作无规律和单调（Izsó 和 Antaiovits，1997）； （4）经常被迫做与工作无关的行政工作（Schaeffer 和 Lindell，2016） 2. 高心理意义： （1）发电厂的监控员们认为他们的工作对公众意义重大，因此他们愿意积极工作（Schaeffer 和 Lindell，2016）； （2）监控员通过努力帮助列车在高峰时段正常运行时会感到高投入度，因为他们认为这项任务对于保持效率和维系与公众的良好关系至关重要（Smith、Blandford 和 Back，2009）
心理安全	1. 低心理安全： 故障或崩溃的可能性会给监控员造成精神压力（Izsó 和 Antaiovits，1997） 2. 高心理安全： 允许监控员犯一些只影响系统效率而非系统安全的错误（Smith、Blandford 和 Back，2009）
心理可用性	1. 低心理可用性： （1）出于对监测设备和传感器所提供信息的不确定性和低信任，使监控员感到无法胜任某些任务（Smith、Blandford 和 Back，2009）； （2）不合理的监控设备设计影响监控员的工作表现（Schaeffer 和 Lindell，2016）； （3）由于监控员需要对任何意外情况或信息立即作出反应，因此他们会感到持续和巨大的压力（Smith，2004） 2. 高心理可用性： （1）铁路监控员在认识到系统局限性和不可预测性（如设备错误、盲点、事故现场的多变条件、不可预测的司机和乘客行为）的基础上开展工作。他们用个人经验判断、解释不充分的信息，从实际错误中积累经验，并在其他同事的帮助下克服困难。此外，良好的设计（如可观察到的大型线路图、不同警报的独特铃声、良好的信息获取途径以及团队成员之间流畅的信息共享）也有助于提高应变能力（Smith、Blandford 和 Back，2009）； （2）拥有丰富的工作经验和较高系统熟悉度的监控员能在一定程度上弥补系统的缺陷，从而帮助系统顺利运行（Savioja、Liinasuo 和 Koskinen，2014）

表 2.2 总结了表 2.1 所示的六项案例研究中的心理意义、心理安全和心理可用性。

（1）第一项：心理意义。当监控员能够从工作中获得足够的心理意义时，他们通常能够保持比较理想的投入度。缺乏心理意义的工作环境将对监控员的工作动机、体验、表现、态度及注意力产生负面影响，进而可能导致其失去工作兴趣和主动性。比如，监控工作常常因其乏味性而使监控员难以感受到工作中的价值和意义（Cummings 等，2013）。

（2）第二项：心理安全。在少数报告监控员体会过较高投入度的监控室中，监控员被允许在某些情况下犯一些较小的错误，这些错误仅影响系统效率而非系统安全。在这种环境中，监控员将错误视为个人成长和学习的机会，而非单纯的失败（Smith、Blandford 和 Back，2009）。相反，在报告监控员投入度较低的研究中常常提到故障或崩溃的风险给监控员带来巨大的精神压力（Izsó 和 Antaiovits，1997）。这意味着心理安全感也是影响监控员投入度的因素之一。

（3）第三项：心理可用性。安全监控系统中的安全并非是一个恒定的属性（Hollnagel 和 Woods，2006），其通常伴随着许多不可预测的风险因素，如设备不可靠和突发事件等。需要监控员有充足的心理可用性对抗这些风险。心理可用性与复原力的概念相似。复原力是指系统（或个体）在变化和干扰发生前、发生中或发生后，调整自身功能的能力，以维持其在预期和意外条件下的运行状态（Hollnagel 等，2011）。在安全监控室中，那些心理可用性高的监控员表现出能够应对工作挑战和胜任工作，而心理可用性较低的监控员则常常感到难以胜任和压力，这意味着心理可用性可以明显地影响监控员投入度。

通过总结这六项研究可以发现，心理意义、心理安全和心理可用性这三类因素中的任意一项得到了有效增强，监控员的工作体验和投入度就会明显提高；如果这些因素中的任何一项缺失或受到削弱，监控员的工作体验、注意力、积极性和工作表现将会被削弱。因此，优化这些因素以提高监控员的投入度，成为提升监控室效率和确保安全的重要策略之一。

2.5.4　定义监控员全情投入

综合个人投入度（Kahn，1990）与工作投入度（Schaufeli 等，2002）的理论基础，以及任务投入度（Matthews 等，2013）的实证研究成果，并结合全情投入度在提高工作表现与员工福祉中的重要性（Robertson 和 Cooper，2010），本研究将监控员在高安全级别的监控室中的全情投入度定义为一种积极、充实、自信、全神贯注且愉悦的工作体验。

此定义强调了投入度的动态特性，指出这一体验是可以在实际工作环境中被实时评估，并且涵盖以下四个方面及其相关组成部分：

（1）心理复原力：任务引起的能量唤醒和面对困难时的坚持不懈（Schaufeli 等，2002）。

（2）价值：任务的重要性或意义（Kahn，1900）以及完成任务的竞争动力（Matthews 等，2017）。

（3）情绪：做任务时产生的乐趣（Schaufeli 等，2002）和兴趣（Matthews 等，2017）。

（4）认知参与：专注于手头的工作、时间感扭曲（Schaufeli 等，2002）、认知警觉（Kahn，1900）以及"难以从工作中抽身"（Schaufeli 等，2002）。

监控员全情投入度在本研究中被视为监控室中理想的工作体验，因为它不仅在监测工作中具有享乐性价值，而且具备显著的功利性益处，如提升工作表现和效率等。这些积极的影响使其成为推动组织效率的关键因素，也是增进个体福祉的核心要素。此外，全情投入度受到心理安全、心理可用性和心理意义等因素的影响。这一理论框架有助于识别影响监控员全情投入的具体任务特征或工作因素，进而为针对性地改进监控员的工作环境和体验提供了科学依据。此外，清晰的全情投入度定义为其在高安全级别的监控室中的应用提供了理论支持，能为在高安全级别的监控室中改善监控员的工作环境与提升其投入度提供了理论和实践的支持。

2.6 影响监控员投入度的因素

本研究深入探讨了一系列影响监控员投入度的相关因素和模型，旨在揭示影响监控员全情投入的机制，从而为监控系统的设计提供指导。正如辛普森（Simpson，2009）所指出，情境因素和个体因素对工作投入度有着显著的影响。情境因素涉及工作任务和环境条件的影响，而个体因素则是指监控员的个体特质。下文将分别从情境因素和个体因素两个角度分析影响监控员投入度的关键因素，以进一步理解如何优化监控员的工作体验并改善其全情投入水平。

2.6.1 情境因素

Kahn（1990）以及 May、Gilson 和 Harter（2004）的研究表明，心理意义、心理可用性和心理安全是影响工作投入的三个关键心理条件，其中，心理意义与工作投入度的关系尤为密切。这些心理条件的建立和维持受多种情境因素的影响，涉及个体的动机、资源可用性、工作需求、工作环境以及管理方式等多个维度。

1）心理意义

心理意义类似于员工的工作动机，在改善工作投入度中发挥着核心作用（Bledow 等，2011；Bakker、Demerouti 和 Sanz-Vergel，2014）。自我决定理论（Self-Determination Theory，SDT）（Miller、Deci 和 Ryan，1988）区分了内在动机和外在动机。内在动机源于个体对任务本身的兴趣及其带来的满足感，例如，人们天生具有探索新奇、迎接挑战、拓展能力并实现个人成长的倾向。这一理论解释了为何工作充实感和工作角色契合度能增强个体的工作投入度。工作角色契合度是指个体在工作角色中实现自我概念的一致性，从而将其视为展现自我的机会（May、Gilson 和 Harter，2004）。相较之下，外在动机依赖于外部奖励或压力，例如工作表现考核、薪资激励或他人评价。外在动机也能促进工作表现，但其本质上是一种工具性驱动，而非对工作本身的享受（Ryan 和 Deci，2000）。

Malinowska、Tokarz 和 Wardzichowska（2018）指出，内在动机不仅与较高的工作乐趣和投入度相关，还能降低疲劳和倦怠感，同时减少焦虑。然而，在实际工作场景中，员工并非始终能够从工作中获得内在动力，尤其是在任务高度标准化、重复性强的情况下，如监控类工作（Alatalo 等，2018）。因此，如何通过内化和整合机制将外在动机转化为内在动机，成为提升工作心理意义的关键途径。

动机的转化过程意味着个体的行为驱动力可以从消极的被动服从逐步演变为积极的个人承诺（Ryan 和 Deci，2000）。这一过程不仅能促进坚持不懈、自发行为和积极表现，还能增强个体的福祉（Kahn，1990；Schaufeli 等，2002）。因此，通过优化组织环境和激励机制，促进动机的内化，通过改善心理意义提升工作投入度。

2）心理可用性

心理可用性受资源可用性和外部要求的双重影响。资源可用性与心理可用性呈正相关，是指个体在执行任务时所能调动的身体、情感和认知资源，而外部要求（如与工作无关的任务）则对心理可用性产生抑制作用（May、Gilson 和 Harter，2004）。例如，在对发电厂监控室的研究中，当监控员被要求承担与操作无关的任务（如带领游客参观），他们普遍报告感到厌烦和精力分散（Schaeffer 和 Lindell，2016）。然而，这些影响因素可能因岗位特性而有所不同。工作需求-资源模型（JD-R）提供了一种更为广泛适用的解释框架（Bakker 和 Demerouti，2007）。JD-R 模型认为，工作条件可划分为工作要求和工作资源两个类别，它们分别影响员工的福祉、工作表现（Demerouti 等，2001）以及工作投入度（Bakker 和 Demerouti，2008）。通过调整这两种变量可改善员工的心理可用性。

3）工作要求

工作要求是指工作过程中对个体生理、心理、社会或组织层面的要求，通常涉及持续的体力或心理（认知与情感）投入（Bakker、Demerouti 和 Verbeke，2004；Bakker 和 Demerouti，2007）。典型的工作要求包括角色冲突、工作量、角色模糊性（Alarcon，2011）、工作压力（Lee 和 Ashforth，1996）以及长期暴露于高强度的生理或心理负荷（Demerouti 等，2003）。研究表明，过高的工作要求是职业倦怠的重要预测因素（Schaufeli 和 Rhenen，2008），而职业倦怠又会侵蚀员工的工作投入度（Maslach 和 Jackson，1981）。

4）工作资源

工作资源可以缓冲高工作要求对工作投入度的不利影响，并在挑战性较高的工作环境下增强员工的投入度（Bakker 等，2007）。工作资源涵盖生理、心理、社会和组织层面，主要作用包括降低工作要求带来的生理与心理负担、促进目标达成、促进个人成长、学习与发展（Demerout 等，2001）。具体而言，工作资源可以体现在同事与管理者的社会支持、工作表现反馈、技能多样性、工作自主性、学习机会（Bakker 和 Demerouti，2008），以及创新文化、认可制度和积极的组织氛围等方面（Bakker 等，2007）。这些资源不仅有助于提升员工的心理可用性，还能增强其应对高强度工作的能力（Bakker 等，2008）。

此外，资源理论进一步强调，个体的资源是有限的，过度负荷可能引发工作表现下降（Wickens，2002）。例如，在高安全级别的监控室中，当设备或传感器提供的信息无法有效支持任务执行时，监控员往往会感到无能为力（Smith、Blandford 和 Back，2009；Jin 等，2022）。因此需要合理的使用工作资源，而非持续消耗工作资源。

5）心理安全

心理安全是指员工可以在不必担心负面后果的情况下自由表达观点和从事工作（Kahn，1990）。May、Gilson 和 Harter（2004）指出，积极的同事关系、相互信任、尊重个人贡献和团队归属感均能提升员工的心理安全。此外，管理风格也在心理安全的塑造中发挥着重要作用(Yuan、Li和Tetrick,2015)。比如Kahn(1990)认为,清晰且具有弹性的管理方式能够增强员工的心理安全感。这一观点在高安全级别的监控室中得到了验证——那些允许监控员在不影响安全的情况下出错的监控室的监控员,相较于要求绝对零失误的监控室的监控员(Jin、Mitchell和May,2020;Jin等,2022),普遍体会到了更理想的投入度(Smith、Blandford和Back,2009)。

因此,过于严苛的管理可能会对心理安全产生负面影响。例如,严格的协同工作规范可能抑制员工的自主性,而过度的自我意识则可能让员工尤其在意外界评价,从而降低其表达意愿(May、Gilson和Harter,2004)。在对高速公路监控室的研究中,监控员因受到严格的操作规程约束,并需接受管理者的严格监督和评价,普遍感受到心理安全受损(Jin等,2022)。类似现象也出现在呼叫中心,过于严格的协同规范与员工的情绪衰竭呈正相关(Deery、Iverson和Walsh,2002)。

综上,心理意义、心理可用性和心理安全共同决定了个体的工作投入度,而其影响机制受到情境因素的动态作用,需结合具体的工作环境进行优化调整。

2.6.2 个体因素

个性特质和个人资源在影响监控员投入度方面发挥了关键作用。研究表明,个体的性格特质不仅影响其对工作的态度,还决定了其在面对挑战性任务时的适应能力(Bakker、Tims和Derks,2012)。性格积极主动的员工往往更容易投入工作,表现出更强的工作动力和自我调节能力(Bakker、Demerouti和Sanz-Vergel,2014);情绪稳定且具有灵活性特质的员工更倾向于在高挑战性环境下保持较高的投入度,而内向或具有神经质特质的个体可能对高压力任务产生更大的不适感(Alarcon、Eschleman和Bowling,2009)。

情绪稳定性在安全关键型环境中的作用尤为突出。在持续高负荷或不确定性较高的任务中,情绪不稳定的个体可能更容易感到焦虑或威胁感,从而降低任务专注度(Bakker、Demerouti和Sanz-Vergel,2014);相反,能够有效调节情绪、适应复杂环境的员工则更可能展现出持久的专注力和适应性,这对于减少因认知过载或任务单调性导致的工作表现下降至关重要(Wickens,2002)。

基于个性特质对投入度的影响,监控员筛选在监控工作中应被视为关键管理决策。例如,在涉及长时间持续监控的任务环境中,识别能够在低刺激条件下维持警觉的个体至关重要(Cummings等,2013)。此外,为了提高整体工作体验,组织应考虑提供个性化的资源支持,如针对不同性格类型员工的技能培训、压力管理策略和任务适配机制，以优化个体对工作环境的适应性，提升整体投入度。

2.7 工作脱离、职业倦怠与工作投入度的关系

工作脱离与职业倦怠均与工作投入度密切相关，本研究将其视为工作投入心理状态的动态转变。对这些状态的系统调查有助于设计人员识别影响监控员投入度的关键因素，并据此优化任务环境与支持机制。不同于投入度，这三种心理状态均可能对员工的体验和工作表现产生不利影响，表现为专注度下降、工作满意度降低以及任务执行能力减弱。本节介绍了工作脱离、职业倦怠的定义及其与工作投入度的关系，分析其对工作表现的具体影响，并探讨缓解这些不利状态的潜在措施。这些见解不仅有助于理解监控员在不同心理状态下的表现差异，也为优化监控任务的设计与管理提供了实证依据。

2.7.1 工作脱离

工作脱离被认为是一种不理想的工作状态，通常对工作表现产生负面影响（Sorenson 和 Garman，2013）。Kahn（1990）将工作脱离描述为工作投入的对立面，指个体在体力、认知和情感层面上从工作中抽离，并对任务的目的、内容或自身工作持消极态度（Demerouti 等，2001）。这种状态使个体的内在动力与积极行为脱节，导致旷工、缺乏工作投入度以及消极工作行为，例如推卸任务、敷衍完成工作或不投入真正的自我（Kahn，1990）。

工作脱离通常被视为当工作要求超过可用资源时的一种短期应对策略（Afrahi 等，2022）。缺乏动力是其主要原因之一。例如，在高速公路监控室工作的监控员普遍认为自身努力难以对交通流量产生实质性的影响，从而降低了投入度（Jin 等，2022）。类似地，核电站监控员报告称，在正常工作日中，几乎没有突发事件发生，使其认为自己的工作对安全的贡献有限（Izsó 和 Antaiovits，1997）。

在自动监控系统中，工作脱离还与过度投入和注意力脱离密切相关（Stephens 等，2018）。过度投入可能导致注意力盲区（Migliorini 等，2022），这一现象可用"隐形大猩猩"实验来解释：当观察者专注于计算篮球传球次数时，他们往往忽略明显的干扰物，如一只穿过球场并捶胸的大猩猩（Mirsky，1998）。在安全关键监控环境中也观察到了类似现象。例如，监控员在大部分时间内玩手机游戏，导致对工作任务的关注度下降（Cummings 等，2013）。

工作脱离还包括思维游离（Migliorini 等，2022）。在思维游离（或白日梦）

期间，个体对外部刺激的反应能力降低（Gouraud、Delorme和Berberian，2018）。当任务需求过低时，更容易发生思维游离（Dehais等，2015）。在自动化监控环境中，若职责为长期监视，则思维游离的风险显著增加，而且在这种情况下，很难通过设计任务或干预措施来维持监控员的高投入度（Neigel等，2020）。允许监控员做一些和工作无关的事情可以缓解这种思想游离。研究发现，在无事件期间，监控员通常会参与与工作无关的活动，以提供精神刺激和维持一定程度的警觉性，缓解单调工作对心理健康的不利影响（Izsó和Antaiovits，1997；Smith，2004；Cummings等，2013）。然而，这些活动应受到适当限制，以防止长期注意力偏离核心任务，避免注意力盲区造成的风险。

2.7.2 职业倦怠

职业倦怠与投入度成反比关系（Schaufeli等，2002），被认为是对投入度的侵蚀（Maslach和Jackson，1981）。该概念可追溯至20世纪70年代，由Freudenberger首次提出，他将职业倦怠描述为因职业生活引发的身心疲惫状态（Freudenberger，1974）。职业倦怠理论认为，这是一种由情感衰竭、人格解体和缺乏个人成就感组成的心理综合征（Maslach和Jackson，1981）。其中，情感衰竭指因与他人互动而产生的情绪低落；人格解体表现为对工作、客户或同事采取冷漠甚至非人化的态度；缺乏个人成就感则指个体在工作中感到能力受限，成就感下降（Maslach和Jackson，1984）。

职业倦怠会导致一系列负面后果，如员工流失率升高、旷工、工作表现下降（Maslach和Jackson，1984）、效率低下、长期工作压力增加，以及消极的工作态度（Leiter和Maslach，2003）。此外，倦怠可能引发精力不足、工作认同感下降、消极情绪、自我评价降低、极度疲惫和对工作的愤世嫉俗（Bakker、Demerouti和Sanz-Vergel，2014），甚至导致职业理想幻灭（Freudenberger，1974）。这类问题在高安全级别监控室等工作环境中特别突出。例如，据核电站监控员报告称，由于任何故障或系统崩溃都可能引发灾难，他们长期处于高度紧张状态（Izsó和Antaiovits，1997）。高速公路监控员则认为，工作重点在于避免犯错，因此他们倾向于仅满足领导设定的工作要求，而不会额外付出努力（Jin等，2022）。类似情况也发生在电话呼叫中心，员工需频繁与客户进行高强度情感交流，导致情感衰竭和高离职率（Deery、Iverson和Walsh，2002）。

缓解职业倦怠需要综合考虑多个因素。研究表明，工作要求是预测职业倦怠的重要因素（Schaufeli和van Rhenen，2008）；当员工因持续的高工作要求而承受长期压力时，其情感资源可能被消耗殆尽，最终导致倦怠综合症

(Bakker 等,2007)。工作资源在高工作要求与倦怠之间起到缓冲作用(Bakker、Demerouti 和 Sanz-Vergel,2014),因此,增强工作资源,如提供支持性管理、优化任务分配和提升自主性可有效缓解职业倦怠。

2.8 投入度的动态性质与测量

人们在投入过程中可能会在认知、情感和身体层面展现不同程度的自我(Kahn,1990)。这一观点强调了投入的动态本质,即个体的投入状态是在不同情境和时间点上持续波动(Sonnentag、Dormann 和 Demerouti,2010;Yonekura、Kajiwara 和 Shimakawa,2016)。鉴于投入的这种动态特性,准确识别并量化投入水平对于揭示个体在特定时刻的状态至关重要,这不仅有助于理解投入的变化机制,还能为制定基于证据的干预措施提供关键信息,以促进或维持理想的投入度水平。

投入度通常被描述为个体在工作中体验到的积极性、充实感和专注度。这种体验既可以通过个体的主观感受加以衡量,也可以通过记录客观行为表现进行评估(Kahn,1990;Schaufeli 等,2002;Bakker 和 Demerouti,2008)。主观层面涉及员工对自身工作状态的自我评估,包括他们对工作的情感体验、态度和认知评价;客观层面则侧重于外部可观察的行为,如任务执行质量、与同事的互动模式及其频率。这种双重评估框架不仅有助于全面理解投入的多维特征,还能为提升工作环境设计、优化管理策略以及促进员工积极性提供理论和实践指导。因此本章在回顾了主观自我评估法和客观观察法后,结合两者优势总结了开发、解释和测量监控员全情投入度工具的要素。

2.8.1 主观自我评估方法

主观自我评估方法在揭示个体工作投入度的认知和情感体验方面具有重要优势。访谈是其中一种关键手段,能够深入挖掘个体对工作投入度的理解。Kahn(1990)通过两种类型的深入访谈收集了员工关于工作投入度的主观看法:一是初步访谈,收集员工对工作投入度的粗略想法;二是深入访谈,要求员工回忆与工作投入度相关的情境,从而全面了解其投入度体验。

在高速公路监控室的研究中,Jin、Mitchell 和 May(2020)采用半结构化访谈,探讨了影响监控员工作投入度的因素及其作用机制。研究不仅关注工作投入度,还深入探讨了监控员的工作经验(Smith,2004)、情绪状态、安全感知等因素。这表明访谈法有助于揭示工作投入度的多维度特征及其复杂的影响因素。但访谈也存在耗时长、无法广泛应用于大规模人群的局限性。

问卷调查是另一种常用的主观自我评估工具，能高效收集大规模数据。May、Gilson 和 Harter（2004）依据 Kahn（1990）提出的心理意义、可用性和安全性三个维度，设计了李克特式问卷（Likert-type Scale）。Schaufeli 和 Bakker（2003）开发了工作投入度量表（Utrecht Work Engagement Scale，UWES），用于评估工作投入度。此外，针对工作倦怠的问卷，如马斯拉赫职业倦怠量表（Maslach Burnout Inventory，MBI）和奥尔登堡职业倦怠量表（Oldenburg Burnout Inventory，OLBI）也能间接评估工作投入度。在安全关键领域，决策支持系统问卷（Decision Support System Questionnaire，DSSQ）和简短压力状态问卷（Short Stress State Questionnaire，SSSQ）常用于测量监控员的任务投入度（Fairclough 和 Venables，2006；Matthews、Warm 和 Smith，2017）。虽然问卷调查为大规模数据收集提供了便利，但它也面临无法实时反映工作投入度的变化以及可能的测量偏差（Reinerman-Jones、Matthews 和 Mercado，2016）。

在主观自我评估方法中，有两个潜在障碍需要关注：一是社会可取性偏差（Social Desirability，SD），即个体倾向于表现符合社会期望的行为，可能掩盖不符合标准的情感或态度（Zerbe 和 Paulhus，1987），例如，监控员可能会回避表达疲倦或不满情绪；二是叙事现实主义（Narrative Realism，NR），即个体根据个人经验理解世界，且坚信其认知是真实的，比如监控员可能会认为监控工作本身就应该是枯燥的，从而认为改善投入度是无稽之谈。这些都可能会影响使用自我评估方法挖掘监控员的真实感受。

综上所述，主观自我评估方法在理解个体的工作投入度方面提供了重要视角，能够深刻反映个体的情感和认知状态。然而，这些方法面临测量偏差、实时性不足等挑战。为提高评估的准确性，未来研究可能需要结合多种方法（如行为观察、实时数据跟踪等），以全面把握工作投入度的动态变化。

2.8.2 客观观察

1）人工观察投入

相较于主观自我评估方法，观察法能够提供更客观的数据。该方法能够记录个体的实际行为，而非仅依赖主观描述，这种方法能捕捉难以通过言语表达的认知和情感体验。例如，观察可用于记录个体的行为、角色和动作随情境变化及时间演变的方式（Walshe、Ewing 和 Griffiths，2012），识别受试者在不同活动中的时间分配和交互关系（Kawulich，2014）。此外，在高安全级别监控室研究中，调研方法通常较为保守，观察法因其非侵入性特征，在监控室研究中被广泛应用于收集监控员的体验与行为数据，例如：

（1）评估发电厂监控员的情绪状态（Schaeffer 和 Lindell，2016）。
（2）研究闭路电视（CCTV）监控室监控员的日常运行文化（Smith，2002）。
（3）识别监控员的觉醒水平（Izsó 和 Antaiovits，1997）。
（4）收集监控员操作系统体验（Savioja、Liinasuo 和 Koskinen，2014）。
（5）监控员执行紧急任务时的认知、情感和体验（Smith、Blandford 和 Back，2009）。
（6）记录监控员注意力、倦怠和无聊程度（Cummings 等，2013）。

尽管观察法在监控室研究中较为常见，但关于监控员工作投入度的研究仍较为零散。为弥补这一不足，本研究借鉴了教育领域的观察投入度的方法，教育领域非常注重理解和衡量学生的投入度。监控室与教室环境具有一定相似性，即研究对象通常处于长期坐姿状态。因此，一些教育研究中的观察方法可为监控室研究提供有益借鉴。

教育研究中已建立多个广泛使用的投入度指标，包括：
（1）课堂活动、学生和教师的行为及互动（O'Malley 等，2003；Kelly 等，2005；Alimoglu 等，2014）。
（2）学生在课堂任务中的投入度（如注意力、努力程度、口头参与、坚持性、积极情绪）。
（3）口头表达及在学习过程中承担个人责任的主动性（Reeve 等，2004）。
（4）视觉目标（如注视教师或同学）。
（5）明显的运动行为（如手臂、头部或腿部的姿势与动作）。
（6）口头表达内容（如是否与任务相关）（Wood 等，2016）。

然而，这些投入度指标在监控环境中的适用性仍待验证，因为投入度的行为表现可能因情境和任务的不同而有所差异。例如，Sanghvi 等人（2011）发现，在儿童下棋时，身体后倾可能表明高度投入，而 Bianchi-Berthouze（2013）指出，在电子游戏中，身体前倾反而是高度投入的表现。因此，在安全监控任务中，投入度的观察指标需要结合特定情境进行调整和验证，以确保其有效性。

依据时间间隔评估学生投入度是教育领域常用的评估投入度的方法，比如 Reeve 等人（2004）采用十分钟时间间隔对学生的投入度进行评估，而其他研究则每五分钟进行一次评定（O'Malley 等，2003；Kelly 等，2005；Alimoglu 等，2014）。这些时间抽样评估方法能够反映投入度的总体变化趋势，但由于评估基于固定且相对较长的时间间隔，无法捕捉更细微的动态变化。相比之下，更理想的投入度测量应提供连续的行为记录，而非间歇性估算（Wood 等，2016）。投入度的实时测量对于结果的洞见性至关重要（Burnett 和 Lisk，2019）。

与自动测量相比，人工观察投入度存在不可避免的时间滞后，因此现在是利用新技术开发自动或即时投入度评估方法的时候了。

2）自动测量投入

在安全关键环境和类似领域的一些研究已经采用了基于生理信号的自动接触仪器来测量监控员的任务投入度。已使用的技术包括脑电图（Bernhardt 等，2019）、心电图、皮肤电导等级、眨眼产生的脑电信号、呼吸频率（Fairclough 和 Venables，2006）、视觉追踪、心脏观测和大脑信号（Roy 等，2016）。这些技术能够自动测量监控员的实时投入度，而且比人工观察更加客观。然而，由于使用侵入式传感器收集数据，可能会妨碍监控员在实际高安全级别监控室中的工作，因此这些基于传感器的测量技术通常仅限于模拟。遗憾的是，模拟生成的数据价值弱于实际现场研究的数据价值（Fallahi 等，2016）。

非接触式数据收集（例如拍摄受试者的身体姿势）的优势保护了监控员在测量投入度时以正常方式工作的可能性。许多非安全关键环境下的研究表明，身体姿势是自动测量认知工效学某些方面的有效指标，例如，姿势与认知工作量变化之间的联系（Debie 等，2021）、注意力（Diaz 等，2015）和情感状态（Charles-Edwards 等，2004）。投入度也不例外（Klein 和 Celik，2017；Rajavenkatanarayanan 等，2018；Kaur 等，2019）。这为以高效、侵入性较低的方式测量监控员的实时投入度提供了较好的选择。

通过应用计算机视觉技术和机器学习（Machine Learning），对身体姿势和投入度之间关系的分析得到了显著提升。鉴于安全关键型系统的动态性质，监控室中不可预测的情况可能会使对监控员姿势和活动的解读变得复杂。机器学习是利用样本数据进行数据挖掘、训练和模型构建的有效工具，能够以高精度准确识别数据与不同身体姿势之间的复杂关系（Bourahmoune 和 Amagasa，2019；Ren 等，2020；Ran 等，2021）。由于基于机器学习的非接触式计算机视觉技术侵入性几乎可忽略不计，该方法已被用于检测实际课堂中学生投入度的变化（Villa 等，2020；Goldberg 等，2021），以及检测培训环境中监控员的身体姿势变化（Nakajima，2004）。这表明，利用机器学习和计算机视觉技术分析真实高安全级别监控室中的身体姿势，在测量监控员投入度方面大有可为。

对于需要研究人员理解的特定识别目标，建议使用监督学习算法。这是因为，与无监督学习算法相比，有监督学习算法可以对数据集进行划分，从而提供更多与设计目标高度相关的目标信息识别。无监督学习算法用于在数据语料库中寻找模式，这些模式不一定能提供所需的特征，也不容易理解，因为所提供的特征可能与设计目标无关。监督学习算法要求训练样本集包含标签。例如，研究人员定义并标注不同级别的监控员投入度，然后监督学习算法从相应的数据集中找到一些关键特征，帮助识别这些级别的监控员投入度。在实际监控室中，最好能有足够多的有效、客观的实时投入度波动标注样本，这样监督学习算法就能找到足够多的关键特征，以识别实际工作环境中监控员投入度的不同波动。因此，需要有适当的工具，使评分员能够可操作性地、有效地和客观地标注监控员投入度的各种实时等级。然而，在撰写本著作时，文献中仍缺乏有关实现这一目标的工具信息。

支持向量机（SVM）是一种功能强大的线性分类器，因其在数据分类方面的出色表现而广受认可。SVM是一种有监督的学习方法，它通过构建推理模型来确定不同数据类别之间的界限，从而根据评估的特征识别目标数据（Liu 等，2010）。SVM 的训练涉及标记训练数据，包括输入数据和预期输出数据。通过这一训练过程，SVM确定其决策边界，即具有最大分类边际的优化超平面，从而有效地分离学习样本。训练完成后，模型不再依赖大部分训练数据，而是由支持向量决定。在线性分类不足以对输入数据进行准确分类的情况下，SVM可以采用非线性变换将其映射到高维特征空间，从而有效解决这一问题。虽然使用SVM进行图像处理与人工评估姿势相结合的方法已被应用于评估训练环境中简单的监控员姿势变化（Nakajima，2004），但其在实际监控室环境中的适用性仍有待探索。

自我评估与客观评估方法各具优势与局限，但二者可相互补充，从而提高研究的整体可靠性。此外，这种方法组合有助于实现研究的三角测量（triangulation），即通过多种数据来源交叉验证研究结果，以提升数据的准确性和完整性，从而增强研究的可信度（Morgan 等，2017）。例如，访谈能够收集充满预见性的主观数据（Turner，2014），包括监控员的经验、动机、需求、期望和挫折，从而帮助澄清观察过程中难以解释的现象和进一步理解其行为背后的体验与认知（Oliveira、Birrell 和 Cain，2020）。而观察法提供了关于监控员实际行为的客观信息。此外研究人员还可以探索如何利用新兴技术优化投入度测量。人工智能技术可提高测量的有效性、效率、验证性和客观性，例如，通过自动分析视频或生理数据，精准识别监控员的投入状态，从而推动更科学的监测与管理。

2.9 文献综述总结

本综述广泛参考了监控室操作、商业和组织心理学领域已发表的研究成果，旨在明确当前关于高安全级别监控室监控员投入度的知识现状，构建和解释监控员全情投入度（以下简称投入），并筛选适用于此特定环境的投入度测量方法。以下是主要研究发现的总结：

（1）现有高安全监控室的研究主要关注技术的有效性和效率，而对监控员与技术交互时的体验关注较少。

（2）本研究将工作中的用户体验定义为员工因工作而产生的整体感知，重点关注即时体验。采用这一视角解释和测量投入度，有助于识别影响员工体验的任务特征与工作因素。

（3）合理的工作用户体验需兼顾功利性和愉悦性目标：一方面，员工应在工作中体验到积极情绪；另一方面，他们的体验应支持工作的意义与目标。工作投入兼顾两者，是理想的工作体验。

（4）本研究建议明确区分投入度与类似概念，以理清当前的研究路径。工作投入度反映了员工与工作的复杂关系，其测量范围通常比工作满意度、参与度或组织承诺更广。

（5）由于监控员投入度的研究较少，模型与理论发展仍然有限。本研究借鉴了其他相关领域的研究成果，并采用两个互补的投入度概念——个人投入度和工作投入度——作为监控员全情投入度的理论基础。

（6）本研究将监控员全情投入定义为"与当前任务相关的积极、充实、自信、全神贯注甚至愉快的体验"。这一体验不仅有助于监控员的心理健康和工作表现，同时也为人因设计提供理论与实践依据，使投入度可作为一种动态、可变的体验进行解释、操作和测量。该定义在本研究中得到一致使用，以提供统一的概念框架。

监控员的全情投入受到情境因素和个体因素的影响，其中情境因素包括心理意义、心理可用性和心理安全。负面工作状态（如脱离与倦怠）在适当的干预下可能转变为全情投入。

自我评估、观察法与技术测量可以相互补充，共同构建有效、客观且合理的监控员全情投入度测量方法。

本综述系统分析了不同工作场景下的员工投入度研究，为监控员全情投入度的调查、理解与测量提供启发。文献回顾涵盖了全情投入度的概念化、可操作化、影响因素及测量方法，并探讨了投入度的动态特性及相关研究的挑战，为未来研究和实践提供了指导。

第3章 研究监控员投入度方法总览

本章节从方法论视角展开,详细阐述本研究用于解释和评估监控员投入度的假设与策略体系,明确研究概念与所选策略,并说明选择这些概念和策略的理由。本章分为四个步骤来确定和解释研究方法:研究框架、研究假设、研究过程和结论。

3.1 研究框架

罗布森(Robson,2002)提出的研究设计框架表明,研究问题的形成基于研究目的和理论驱动,并进一步指导研究方法与采样策略(见图3.1)。其中,左上角的方框代表研究目的,即解释和测量不同水平的监控员投入度,为改善高安全级别监控室监控员的投入度提供解决方案。右上角的方框表示研究的理论支撑,为研究方法和过程提供指导。研究问题(居中)是在研究目的和理论基础上提出的,而回答研究问题的方法和采样策略分别由左下角和右下角的方框表示。

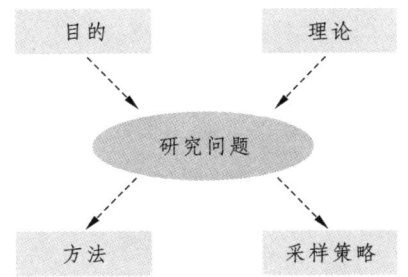

图3.1 研究设计框架(罗布森,2002年)

3.2 研究假设

本研究使用研究假设的本体论和认识论定义如下。

3.2.1 本体论

本体论是指对社会现象或现实本质的假设(Bryman,2015;Creswell,2007)。

本体论假设决定了看待和研究对象的方式(Saunders、Lewis 和 Thornhill,2019)。

（1）投入度是一种体验：目前的研究认为，监控员全情投入（以下称为投入）的概念是一种积极、充实、自信、专注甚至愉悦的体验，它与当前的工作相关。作为一种体验，它有时可能是短暂和直接的，并不是永久性的。此外，体验并非存在于真空中，而是受到多种情境因素和个体因素的影响(Buchenau 和 Suri,2000)。

（2）投入度的动态性质：依据 Kahn(1990)的观点，在观察投入度的过程中，个体可能在认知、情感和身体层面展现不同层次的自我，揭示了投入度的动态特性(Sonnentag、Dormann 和 Demerouti,2010；Yonekura、Kajiwara 和 Shimakawa,2016)。

（3）投入度由工作行为展示：工作投入可以展现在个人工作行为或其他角色活动中(Kahn,1990；Schaufeli 等,2002；Bakker 和 Demerouti,2008)。

（4）投入度是有限的：高程度的投入度很难长期持续(Bandura 和 Lyons,2017)。

3.2.2 认识论

认识论涉及调查方法的合理性(Saunders、Lewis 和 Thornhill,2019)。它是指应该如何研究社会世界以及科学方法是否是正确的立场(Bryman,2015)。最合适的认识论假设能最大限度地缩小研究对象与研究人员之间的距离(Creswell,2007)。本研究采用的认识论假设如下：

（1）在定性研究中，应考虑安全关键型系统的固有局限性对调研方法的影响（比如高安全级别环境中侵入性太强的调研方法很难被接受）以及收集敏感数据的解决方案（比如如何收集监控员对其工作的负面看法）。

（2）为了澄清投入度的动态性质，有必要确定、解释和概念化各种投入度等级。

（3）可从体验和工作行为两个角度来衡量监控员的各种投入度程度。

（4）由于投入度被视为一种体验和有限的资源，因此并不建议持续激励监控员投入，而是帮助其合理管理工作投入。

3.3 研究哲学

研究"洋葱"模型(见图 3.2)旨在指导研究者如何进行研究和知识开发，以确保研究的连贯性，实现研究各要素的相互支持与和谐统一(Saunders、

Lewis 和 Thornhill，2019）。"洋葱"模型给出了当前研究涉及的不同层次、维度或各个方面。该模型展示了从广义到狭义的具体方法的六个程序层次，包括哲学、理论发展方法、方法选择、研究策略、时间跨度以及技术和程序（即数据收集和分析），这些"层次"有助于支撑研究过程的进展。

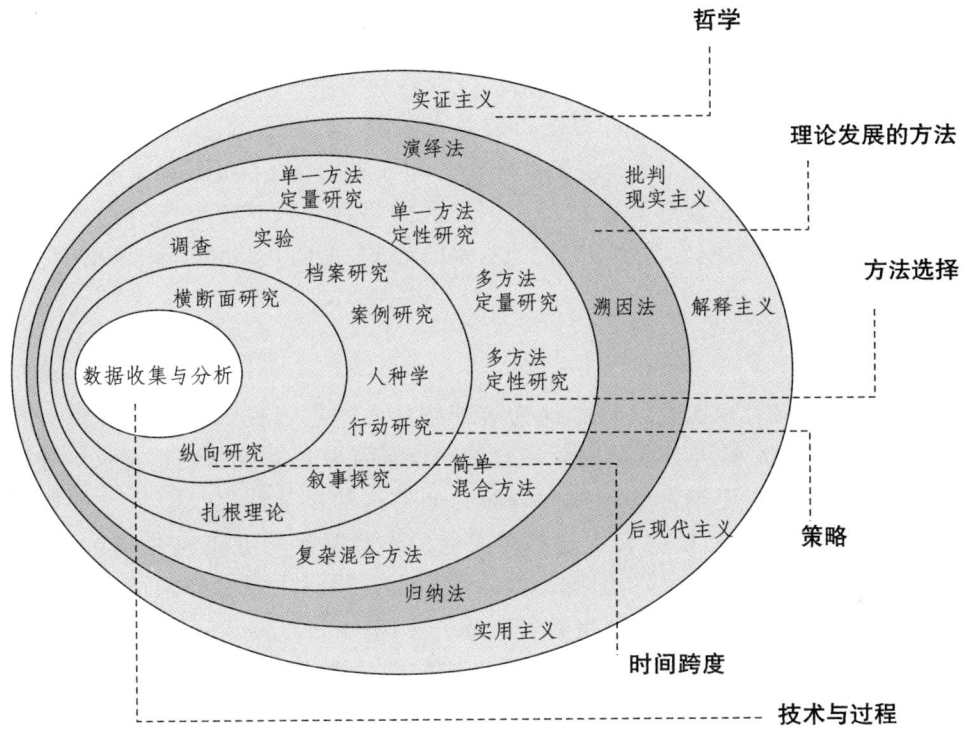

图 3.1　研究"洋葱"模型（桑德斯、刘易斯和桑希尔，2019 年）

3.3.1　哲学立场

正如"洋葱"模型（见图 3.2）的外层所示，研究哲学可以采取不同的形式，如实证主义、批判现实主义、解释学、后现代主义和实用主义），下文将介绍它们对当前研究的影响。

1）实证主义

实证主义与自然科学密切相关；这一哲学立场侧重于接受可观察的社会现实，以产生类似于法律的概括总结（Bryman，2015）。在本体论上，实证主义强调真实、外在、独立和有序的真正现实。在认识论上，可观察和可测量的事实和规律性是以无价值和客观的方式来收集或测量的，并有严格的规则。

从这类研究中总结出来的因果关系会形成类似于法则的概括，这些普遍规则和法则有助于解释和预测行为、事件等（Saunders、Lewis 和 Thornhill，2019）。

2）批判现实主义

批判现实主义是作为对实证主义的批判而发展起来的；批判现实主义哲学不相信可观察到的社会现实，而是侧重于从现实的潜在结构（如理论和实践工作或社会科学）来解释直接感觉或可观察到的事件（Bryman，2015），因为批判现实主义者认为人类的看法可能是有限的、不可靠的。因此，批判现实主义的本体论认为，现实是分层的、外在的和独立的，在认识论上，现实可能无法通过人的观察和理解直接获得，因为人的感官会被欺骗。在寻找根本原因和机制时，需要考虑到人的感觉之后的心理加工（Saunders、Lewis 和 Thornhill，2019）。

3）解释学

解释学强调对现实的解释，认为解释应从人的主观视角出发。解释学的本体论认为，人类不同于物理现象或自然科学，因为人类可以创造意义，对社会世界和语境做出更丰富的理解和解释，如果这种复杂性仅仅服从一系列类似于定律的概括（如实证主义），这些对人性的丰富洞察就可能丧失（Saunders、Lewis 和 Thornhill，2019）。因此，在认识论上，提倡主观性和共情，以实现对人类行为、行动或思想的多重解释和感知（Bryman，2015），并可能对意义生成有新的理解和强调。例如，从不同人群的视角调查一种现象，可以通过建立研究者与不同参与者的共鸣来提供新的理解（Saunders、Lewis 和 Thornhill，2019）。

4）后现代主义

后现代主义的基本概念是，对知识的解释应在现实世界中各群体的综合思维中被加以理解，包括不同的话语、性别、阶级、种族和其他群体归属（Creswell，2007）。此外，后现代主义倡导者努力强调权力与语言之间的关系，他们试图质疑或挑战公认的思维路径，并使另一种被边缘化的声音或观点更加明显。根据后现代主义的本体论，对现实的主流解释和意义可能在很大程度上是由权力关系或主导等级制度形成的，而其他一些声音可能被边缘化或淹没。在认识论方面，由于真理或知识的概念可能主要由主导者塑造，因此应更多地关注边缘化的声音，无论是缺席、压抑还是沉默的声音（Saunders、Lewis 和 Thornhill，2019）。

5）实用主义

对于实用主义者来说，他们关注的重点是研究的结果（Creswell，2007）。实用主义者认为，与其用单一的观点来解释世界，不如采用多种不同的路径来开展研究，以提供更完整的现实图景（Saunders、Lewis和Thornhill，2019）。从本体论的角度上讲，在实用主义中，丰富、复杂和外在的现实是思想的结果。此外，实用主义的认识论认为，决定哪些是"真正的"知识理论的检验标准是，这些理论能够让人们成功地采取实际行动，研究人员应将重点放在解决问题、实践、实际贡献以及为未来实践提供指导上（Saunders、Lewis和Thornhill，2019）。

实用主义倡导进行多元化调查和使用各种方法开展研究是合适的（Saunders、Lewis和Thornhill，2019）。在本研究中，为了实现总体研究目标，本研究采用了以下多种哲学立场解释和测量实际高安全级别监控室中监控员的各种投入度等级，从而为干预措施提供依据。

（1）本研究采用了解释学的方法，对监控员的动态投入度进行了创新的、实际的解释。本研究以同理心和主观解释的方式对监控员的体验和行为进行了解读，并收集了与监控员全情投入度有关的内容。

（2）之所以采用批判现实主义的方法是因为，身体投入并不意味着监控员的精神投入。需要借助更广泛或更深层次的理解来链接身体与精神的投入关系。

（3）后现代主义也被用于当前的研究中。目前大多数关于安全关键型系统的研究都强调系统安全、效率和人因工程，因为这些可能是雇主或组织特别关注的领域。在这些领域，监控员通常被视为监控程序的一个部分或要素。很少有研究关注这些"部件"或"元素"的声音，例如他们是否愿意工作以及他们工作经验的性质，即使是这些被边缘化的声音可能与系统安全密切相关。

（4）在研究的最后阶段，本研究转而采用实证主义方法，通过客观测量，在实际的高安全级别监控室中高效、自动、准确地测量监控员的实时全情投入度，并根据这些测量结果解释监控员投入度的不同等级。

3.3.2 理论发展的方法

"洋葱"模型的下一个内部层次是研究方法，分别为演绎、归纳和溯因。这三个术语各司其职，下文将对每个术语的优势进行基本说明。

1）演绎

演绎法是指发展一种理论，然后对其进行严格的检验，其中涉及一系列命题。演绎法认为,如果前提为真,结论必然为真(Saunders、Lewis 和 Thornhill,2019)。因此,演绎法在很大程度上符合以因果为导向的程序。演绎法的可靠性和有效性源于对一致性和准确性的要求。可靠性决定了一项研究的结果是否可以用类似的方法复制,以及结果在多长时间内的一致性。有效性则涉及研究结果的真实性,以及研究是否真正测量了预期测量的内容(Bryman,2015)。此外,演绎涉及三个重要特征:第一,从变量到概念,寻找解释因果关系的方法;其次,需要将目标概念转化为可研究或可操作的指标,从而得出可测量的事实;第三,演绎依赖于概括,要求研究样本具有足够的规模并经过仔细挑选(Saunders、Lewis 和 Thornhill,2019)。

2)归纳

20 世纪社会科学的兴起使社会科学研究人员对演绎法持谨慎态度,尤其是对因果联系推理的有效性,因为这种推理可能与人解释其社会世界的方式不同,由于严格依赖因果联系,演绎法可能不允许对所发生的事情做出其他解释(Saunders、Lewis 和 Thornhill,2019)。与演绎法不同,归纳法理论源于对数据的研究,而不是在收集数据之前就形成理论(Bryman,2015)。使用归纳法进行推理的研究往往对特殊性特别感兴趣,因为归纳法依赖于从特殊性到一般性的概括。因此,研究对象的小样本可能比大样本更适合归纳推理。此外,归纳法侧重于从头开始探索现象、确定模式和创建概念框架(Saunders、Lewis 和 Thornhill,2019),而不是从理论中全面传承。因此,研究问题可能会在研究过程中发生变化,以产生更有趣或更有用的答案,从而更好地实现研究目的(Creswell,2007)。

3)溯因

归纳法源于对一个"令人惊讶的事实"的观察,从而对这一观察是如何发生的提出合理的理论,并试图得出可检验的结论。在溯因法中,将采取一系列行动,探索现象,确定主题和模式,将其纳入概念框架,并通过随后的数据收集对该框架进行检验。这些努力的目的是在适当的时候将这些新见解纳入现有理论,或者提出新理论或修改现有理论(Saunders、Lewis 和 Thornhill,2019)。

本研究采用演绎法和归纳法相结合的方法开展研究。通过演绎法,将监控员的投入度分为几个等级,并确定了每个等级相应的可测量特征。然后通过链接肢体姿势和投入的关系,测量不同等级的监控员投入度。在归纳方面,研究考察了监控员投入体验的多个维度,并描述了每个投入度等级,这些指标有助于解释投入度的动态性质和挖掘提高监控员投入度的潜在机会。

3.3.3 研究策略与方法依托

"洋葱"模型的下面两层是回答研究问题的方法选择和策略。在方法选择层，本研究采用了复杂混合方法。这种方法的选择是由上一层采用的演绎法和归纳法的结合所驱动的。混合方法综合体由若干定性研究和定量研究组成。定性研究旨在了解被调查现象的主观意义并解释其社会建构意义，而定量研究则调查变量之间的关系（Saunders、Lewis 和 Thornhill，2019）。这种混合方法综合体共同为研究过程提出了综合研究策略。本研究采用了以下这两种策略：

（1）案例研究是通过详细、全面和"彻底"的数据收集（涉及不同的信息来源）来对现实生活中的某一现象进行深入调查（Saunders、Lewis 和 Thornhill，2019），并报告案例描述和案例主题（Creswell，2007）。在本研究中，使用了多个案例研究来调查监控员在实际高安全级别监控室中与投入度有关的内容。

（2）行动研究是一种迭代式探究过程，旨在通过投入度式协作方法，为组织的实际问题制定解决方案。行动研究战略包括发现问题、规划行动、采取行动、评估行动和产生实际成果（Saunders、Lewis 和 Thornhill，2019）。根据行动研究策略，本研究在某些步骤中采用了多人合作的方法来实现研究目的，主要用于减少研究偏差和检验研究成果。此外，本研究的目的是从监控员和高安全级别监控室遇到的实际问题出发，即监控员的投入度普遍不足，研究的重点是解决这一实际问题。

3.3.4 研究周期

"洋葱"模型的这一层次说明了研究的持续时间或周期。横断面研究就像在特定时间拍摄照片，涉及特定时间、特定现象的研究。而纵向研究就像日记或一系列快照，代表了特定时期的事件；它试图了解一个时期的变化和发展（Saunders、Lewis 和 Thornhill，2019）。在此，本研究选择了横断面研究。因为所有研究都是为了了解监控员在某一时期的情况，而不是为了了解这些情况随时间的变化。

3.3.5 研究技术与程序

"洋葱"模型的最核心和最后一层概述了当前研究中所选择的数据收集和数据分析方法。下文从方法论的角度介绍了本研究中四项子研究分别采用的方法以及它们旨在回答的问题。每项研究的详细内容见相关章节。

1）文献综述策略

本文献综述旨在通过已知研究，从概念上介绍研究中采用的本体论和认识论，以研究高安全级别监控室背景下的监控员投入度情况。本体论解释了这一现象的本质。认识论介绍了如何研究和看待这一现象（Bryman，2015 年）。具体而言，本节通过对相关文献的广泛回顾，论述了有关工作投入度和监控员投入度的知识现状，确定了研究监控员投入的立场、改善监控员投入和测量监控员投入度的方法。

2）任务分析

本书第四章中高速公路监控任务梳理的重点是通过检查官方文件、相关文献和实际交通监控室背景中的任务描述，确定具有普适性的核心交通监控室任务。随后，采用半结构式访谈和卡片分类法（card sorting method）（Roy 和 Warren，2019）收集数据进行任务分析。在本研究中，卡片分类的作用是帮助参与者通过选择卡片来表达他们对任务的体验和看法（Roy 和 Warren，2019）。

在任务分析过程中，结合使用了认知任务分析（cognitive task analysis，CTA）和层次任务分析（hierarchical task analysis，HTA）。CTA 用于明确完成任务所需的认知技能和心理要求（Militello 和 Hutton，1998），而 HTA 提供了一种呈现系统目标与子目标层次结构的方法（Stanton，2006）。所有访谈内容均被录音和转录，并导入 QSR NVivo 软件进行定性主题分析（thematic analysis）（Braun 和 Clarke，2006）。

3）监控员工作投入度的数据采集

本书第五章探讨了监控员投入度的动态变化特征及其相应的界面设计策略，采用定性研究方法以深入捕捉、解释并优化监控员的工作体验（Latvala、Vuokila-Oikkonen 和 Janhonen，2000），从而为潜在的干预措施提供理论支持和实践指导。

为增强研究的严谨性与结果的可信度，本研究运用了三角测量法（triangulation），通过整合多种数据来源、采用混合研究方法，并邀请多位研究人员参与核心分析，以减少单一视角的偏倚并提升研究发现的稳健性（Eisenhardt，1989）。研究过程分为三个主要阶段，即数据收集、数据分析与结果评估。这一系统性框架不仅有助于识别监控员在不同投入度水平下的表现特征，还能进一步概念化其核心要素，并阐释其对界面设计策略的影响。

第一步，数据收集。本研究采用客观数据与主观数据相结合的方式，以获得对监控员投入度的全面理解（Kawulich，2014）。在客观数据方面，研究基于 AEIOU 框架（活动、环境、互动、对象、用户）（Hanington 和 Martin，2012）

对监控员在真实监控室中的行为进行系统性记录，以揭示其工作情境与操作模式。此外，所有观察内容均采用视频记录，以弥补实地观察可能存在的遗漏（Latvala、Vuokila-Oikkonen 和 Janhonen，2000）。为了理解监控员行为，研究还参考了监控任务分析（Stanton，2006；Jin 等，2022）和监控系统操作记录，以辅助理解其任务执行方式与操作逻辑。在主观数据方面，研究采用访谈方法探讨监控员在不同投入状态下的主观感受（Kahn，1990）。半结构式访谈结合 AEIOU 框架（Hanington 和 Martin，2012），旨在促进受访者对自身工作体验的全面评估，同时借助卡片分类法（Roy 和 Warren，2019）辅助表达关键体验要素。此外，在数据收集过程中，研究团队编写研究日记，以鼓励对数据收集过程中的潜在偏差进行持续反思（Walshe、Ewing 和 Griffiths，2012）。

第二步，数据分析。在数据分析阶段，研究采用三角测量方法（Harwood 和 Garry，2003）以确保结果的稳健性。由三位研究人员共同转录工作视频，并构建数据语料库，包括观察视频、访谈记录及其他相关数据。随后，研究采用主题分析法（Braun 和 Clarke，2006），以识别和解释不同投入度等级的典型特征。

为进一步验证研究结果的有效性，本研究邀请了高速公路领域的主题专家对各投入度水平进行评估，以确认其是否真实反映监控员的实际工作体验，从而确保研究结论的可信性与应用价值。

第三步，结果评估。监控员的工作投入度受心理意义、心理可用性和心理安全的影响（Kahn，1990）。因此，本研究结合数据分析所得的监控员的工作痛点，对这三个影响因素进行了调整与优化，并据此提出了一系列设计干预措施。这些干预措施旨在增强监控员对任务的认同感，提高其在不同挑战水平下的资源调配能力，并营造一个安全、支持性的工作系统，从而改善监控员的工作投入度。

4）衡量监控员的投入度

本书第六章提出了一个方法框架，用于构建自动、实时、客观且侵入性较低的投入度评估体系，并在高速公路监控室这一真实的自动化与安全关键环境中进行了测试与验证。首先，本研究明确了不同工作投入等级的定义，并采用基于视频的监控员投入度测量方法（VMOE）对监控员的工作投入度波动进行分类。该方法通过摄像头记录监控员的身体姿势，并利用开源计算机视觉库 OpenCV 及 TensorFlow 中的 OpenPose 进行姿势估计，以实现非接触式数据采集。随后，研究构建了基于身体姿势估计的样本集，并将其随机划分为训练集与测试集，以训练和测试支持向量机（SVM）模型。该方法能够在无须额外测量设备的情况下，自动、客观地评估监控员的工作投入度。最后，测试结果表明，该方法在投入度识别方面具备较高的有效性与准确性，验证了其在安全关键领域的可行性。作为一种低侵入性的人因评估工具，该方法有助于为监控界面设计与工作流程优化提供量化依据，从而提升监控员的投入度与整体系统安全性。

3.4 研究投入的方法总结

本章深入探讨了研究哲学及其相应的方法选择，为研究奠定了坚实的理论基础。研究哲学的选择对于确保研究的严谨性和有效性至关重要，它指导着研究设计、数据收集与分析等各个环节。本研究遵循罗布森（Robson，2002）提出的研究框架，从研究目的和理论出发，结合研究背景，精准确定了需要回答的研究问题。这些研究问题进一步明确了回答它们所需的适当研究方法和取样策略，确保了研究的针对性和可行性。

"洋葱"模型的研究过程被巧妙地运用于本研究，以阐释定量研究设计、定性研究设计和混合方法研究设计之间的方法关联。该模型强调了研究过程中不同层次的相互关系和相互作用，从研究哲学到研究设计，再到数据收集与分析方法，层层递进，环环相扣。采用这些方法论关联，旨在在整个研究过程中实现合理的连贯性，使所有方面相互补充、相互支持（Saunders、Lewis和Thornhill，2019），从而以可靠的方式回答研究问题，确保研究结果的科学性和可信度。

具体而言，本研究采取了定量和定性结合的混合研究方法。定量研究设计侧重于通过数值数据的收集与分析，揭示监控员投入度的普遍规律和趋势，为研究提供量化的证据支持。定性研究设计则聚焦于深入挖掘监控员投入度的内在机制和个体体验，通过访谈、观察等方法获取丰富的质性数据，为研究增添深度和细腻度。混合方法研究设计则将定量与定性研究的优势相结合，既关注整体趋势，又兼顾个体差异，使研究结果更加全面和准确。通过这种综合的研究方法，本研究能够从多个角度深入剖析监控员投入度的复杂现象，为后续的研究和实践提供有力的理论支撑和实证依据。

第 4 章　高速公路监控任务梳理

4.1　高速公路监控任务分析背景及原理

4.1.1　分析背景

在高速公路监控这一特殊工作场景中，监控员需要长时间保持高度的注意力和警觉性，对大量的交通信息进行快速、准确地处理和判断。这种高强度的脑力劳动负荷容易导致人为错误的发生，从而威胁高速公路的安全运行（Fallahi 等，2016）。掌握与监控室监控员任务相关的工作流程和认知要求对于保障系统安全和提升人员表现具有至关重要的意义。因为这些因素不仅影响监控员的工作效率和质量，还直接关系到整个监控系统的稳定运行和应急响应能力（Hollnagel，2002）。

任务分析作为一种系统化的方法，能够有效地揭示监控员工作的复杂性和多维度要求。例如，Starke 等人（2017）运用层次任务分析（HTA）技术，将"应急响应"任务拆解为目标和子目标，为深入调查监控员的视觉行为提供了坚实的理论基础和分析框架。通过这种拆解能够清晰地识别出监控员在应对事故过程中所涉及的具体操作步骤和决策节点，从而为后续的干预措施和培训方案提供了明确的依据。然而，考虑到监控员在实际工作中需要执行监控交通状况、应对事故等多项复杂任务，仅依靠单一的层次任务分析方法显然难以全面覆盖其工作内容和认知负荷。因此，有必要采用更全面、多维度的任务分析方法，综合考虑监控员在不同情境下的工作流程、决策过程、信息处理以及与其他系统组件的交互等多方面因素，以构建一个更为完整和准确的监控员工作任务模型。

总体而言，现有文献中缺乏针对高速公路监控室操作的全面而实用的任务分析研究。大多数研究仅关注于特定任务或局部工作流程，而未能从整体上把握监控员工作的全貌和内在逻辑。这种研究现状在一定程度上限制了对监控员工作表现和系统安全的深入理解和有效干预。因此，开展更为系统、全面的任务分析研究，不仅能够填补当前研究的空白，还能够为监控室的人因工程设计、人员培训以及安全管理提供更为科学、有效的理论支持和实践指导。

4.1.2 研究目的

本研究旨在深入剖析监控员在我国高速公路监控室内所承担的核心任务，旨在为相关领域提供切实可行的见解与实践指导。研究围绕以下核心问题展开：

（1）筛选明显影响高速公路安全的核心任务；

（2）细化核心任务的目标与子目标，深入剖析其认知层面，以准确把握任务的本质和内在逻辑；

（3）探讨如何科学、高效地组织任务分析工作流程，为高速公路控制系统设计相关研究提供有力支持，并促进各研究环节的协同进展。

通过对监控员任务的深入分析，研究结果以分层结构的方式清晰呈现了各项任务的层次关系，详细概述了任务目标、子任务及与之密切相关的认知过程。这种结构化的呈现方式不仅有助于对任务全貌的深入理解，还为后续的分析与改进提供了明确的参考框架。此外，本章内容从最终用户的视角出发，具体描述了监控员在执行安全相关任务中的实际表现，真实展现了他们在工作中所面临的挑战与机遇。通过对当前工作流程中存在不足的深入分析，为后续的改进方向提供了精确指引，从而为提升监控员的工作效率和安全管理水平提供理论依据和实践方案。

4.2 方法设计

本研究设计了一套综合方法，旨在深入分析监控员在高速公路监控工作中执行的核心任务。首先，研究通过收集官方文件和文献明确了监控员日常执行的任务，并通过半结构化访谈和卡片分析识别和拆解了高速公路安全和交通流量影响重大的核心任务。整个过程可分为五个步骤，分别是：官方文件与文献综述、收集执行任务的感受和行为、确定核心任务范围、拆解核心任务、数据分析。

4.2.1 官方文件与文献综述

研究人员收集了交通监控室的官方文件，包括应急计划、监控员手册、招聘材料和软件操作手册等。这些文件来源于我国西南地区的两家高速公路监控室，涵盖了这两个地区的工作规范与操作流程（附录 1 例举了部分文件）。与此同时，研究团队还进行了全面的文献综述，聚焦于专门针对高速公路监控室的相关研究（Stanton，2006）。通过这一环节，研究团队积累了大量关于高速公路监控工作的理论与实践资料，为后续任务的识别与分析提供了丰富的背景信息。

4.2.2 收集执行任务的感受和行为

研究团队对 18 名监控员和 4 名工程师进行了半结构化访谈。访谈的目的是对从官方文件与文献中收集到的任务材料进行验证与完善。监控员群体由 8 名男性和 10 名女性组成，年龄跨度为 25 至 50 岁，且均具备三年以上的工作经验，这确保了他们对监控工作有着深刻的理解与丰富的实践经验。工程师则均为男性，他们负责软件中任务的设计工作，对任务的全貌了然于胸。研究未向受访者提供经济奖励，而是基于自愿原则开展。实地研究选取了位于我国西南部的两个高速公路监控室作为场所，该地区高速公路网络发达，监控工作复杂多样，为研究提供了典型的场景。

在访谈过程中，研究人员向监控员展示了从初始步骤中得出的任务名称，并详细询问他们执行这些任务的感受以及执行方式。然而，在访谈过程中发现，监控员与官方文件中的术语存在差异，这给任务的精准识别带来了挑战。为攻克这一难题，研究团队在访谈中巧妙地运用了官方文件和文献中包含任务内容、程序和目的的摘要作为参考。研究人员要求监控员将所描述的任务与自己的实际经验进行对比，找出其中的异同，并对每项调查任务重复这一过程。通过这种综合运用官方文件、文献资料与半结构化访谈的方法，成功确定并验证了一系列任务，为后续剖析高速公路监控室监控员的工作奠定了基础。

4.2.3 确定核心任务范围

本节的核心目标是从已验证的任务中筛选出对高速公路安全和交通流量具有重大影响的具体任务。研究涉及两个高速公路监控室的全部 18 名监控员和 4 名工程师。为了实现这一目标，本研究采用了卡片分类（card sorting）方法。邀请受试者依据目标任务对高速公路安全和交通流量的影响程度，对其进行识别与排序，所使用的卡片详见附录 2。在 CS 过程中，参与者不一定必须对每项任务进行单独排序，例如，若监控员认为几项任务对高速公路安全的影响相当，可将其置于同一级别，但必须清晰阐述其排序选择背后的逻辑，以确保研究团队能够全面洞察其决策过程。通过这种协作式的卡片分类，本研究收获了监控员和工程师对于不同任务在高速公路安全和交通流量重要性方面的宝贵见解，这些见解为后续研究阶段进一步深入分析与探讨已确定的目标任务提供了关键支撑。

4.2.4 拆解核心任务

本阶段的研究目标是拆解核心任务，以揭示监控员在执行任务时的目标、子目标以及与每项任务及其程序紧密关联的认知过程。为了收集这些关键数据，研究团队对18名监控员进行了依次访谈。然而，在访谈过程中，部分监控员对于与收集材料时类似的问题表现得较为抵触。为解决这一难题，研究人员借助流程图（详见附录3）向每位监控员直观地介绍了目标任务的程序，图 4.1 即为一个典型示例。这些以流程图形式呈现的视觉辅助工具有效地加强了沟通，助力监控员顺畅表达他们对每项任务的理解。在监控员仔细查看每项任务的流程图后，研究团队积极鼓励他们分享与任务相关的典型经验，这为他们提供了一个绝佳的机会，使其能够充分阐述自己的想法、目标、理解以及他们认为成功完成特定任务所必需的知识与技能。通过采用这一方法，本研究成功收集到了有关监控员的认知过程、决策以及与每项任务相关的基本认知要求的丰富信息。

4.2.5 数据分析

从第一次和第二次半结构化访谈中获取的数据经过严谨的转录处理后被导入 QSR NVivo 软件开展定性专题分析。此种分析方法能够精准识别、深入分析并有效报告数据中的模式，从而提炼出具有深刻意义的见解（Braun 和 Clarke，2006）。研究团队对受访者提供的相关陈述进行了系统化的标记，并将其归纳为两大核心主题。第一个编码主题聚焦于梳理任务程序，涵盖了任务目标和子目标；第二个编码主题则以这些目标的认知要求为研究焦点，涉及依据受访者在执行这些任务时的想法、体验、挫折和技能要求。

第 4 章 高速公路监控任务梳理

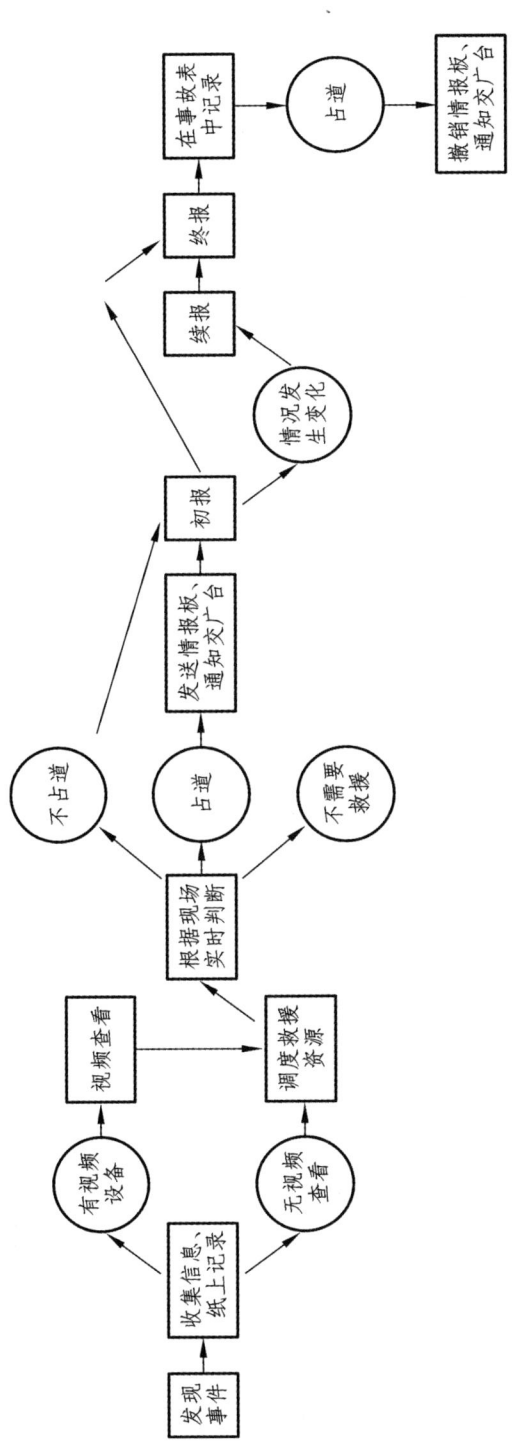

图 4.1 第二次半结构式访谈中使用的典型流程图

4.3 任务流程的细化与分类

经过分析，研究明确了"应急响应"与"组织和传递信息"这两类任务对高速公路安全及交通流量具有显著影响，并将其确定为目标任务。例如，参与者 G 指出："了解高速公路上的实时状况对于预防事故风险至关重要。一旦发现异常，能够迅速将风险降至最低，从而避免事故的发生。此外，突发事件的及时处理同样重要，因为这直接关系到高速公路能否在最短时间内恢复顺畅运行。"而且，本研究发现，这两类任务在两个监控室中大体一致，只是在细节上略有不同。下文介绍了每个类别中的具体任务及其分层程序流程，这些流程说明了每项任务中监控员的目标和子目标，以及执行下级程序的必要条件。

4.3.1 应急响应

监控员的主要任务目标之一为"应急响应"（如图 4.2 所示，图中：圆形代表条件，胶囊形代表认知，矩形代表具体目标或次级目标）。在这一任务中，监控员的核心目标是遵循既定的标准程序传递事故信息，以协助处理紧急情况并尽快恢复交通流。然而，该任务往往会给监控员带来较大的心理压力，主要原因是其突发性强、不可预见性高，且上级部门对该任务的执行极为重视，并制定了一系列详细且严格的审核规定和完成时间的要求。这使得监控员普遍认为该任务具有较高的挑战性。更让监控员感受到压力的是，他们在执行应急响应任务时，必须尽力避免出现任何失误，否则将面临责任追究。例如，参与者 J 指出："在应急响应过程中提交信息时绝不能出错，一旦出现错误就会被扣分。"而扣分则直接关联到监控员的工资收入。

该任务被细分为八个子目标，这些子目标已通过完整的层次任务分析（HTA）确定，并在图 4.2 中展示，同时在下文中进行了详细描述。两个监控室在应急响应任务的程序上基本一致。

子目标 1 [接收通知]：监控员通常会在收到信息后立即对事故通知做出响应。通知可能来自不同的来源（CCTV、高速公路巡逻人员、驾驶员呼叫、交通广播等）。监控员认真、迅速地记录事故地点、事故类型、道路状况等信息，并与提供信息的人员仔细确认这些细节，以免出错。监控员对这一步骤非常认真和投入。他们希望自己能专心收集信息，不希望被其他人打扰。正如参与者 A 所说："当我接听电话时，我必须认真倾听。如果第一步错了，后面的步骤也会错。这时候，我的同事不会跟我说话，也不会打扰我。"

第 4 章 高速公路监控任务梳理

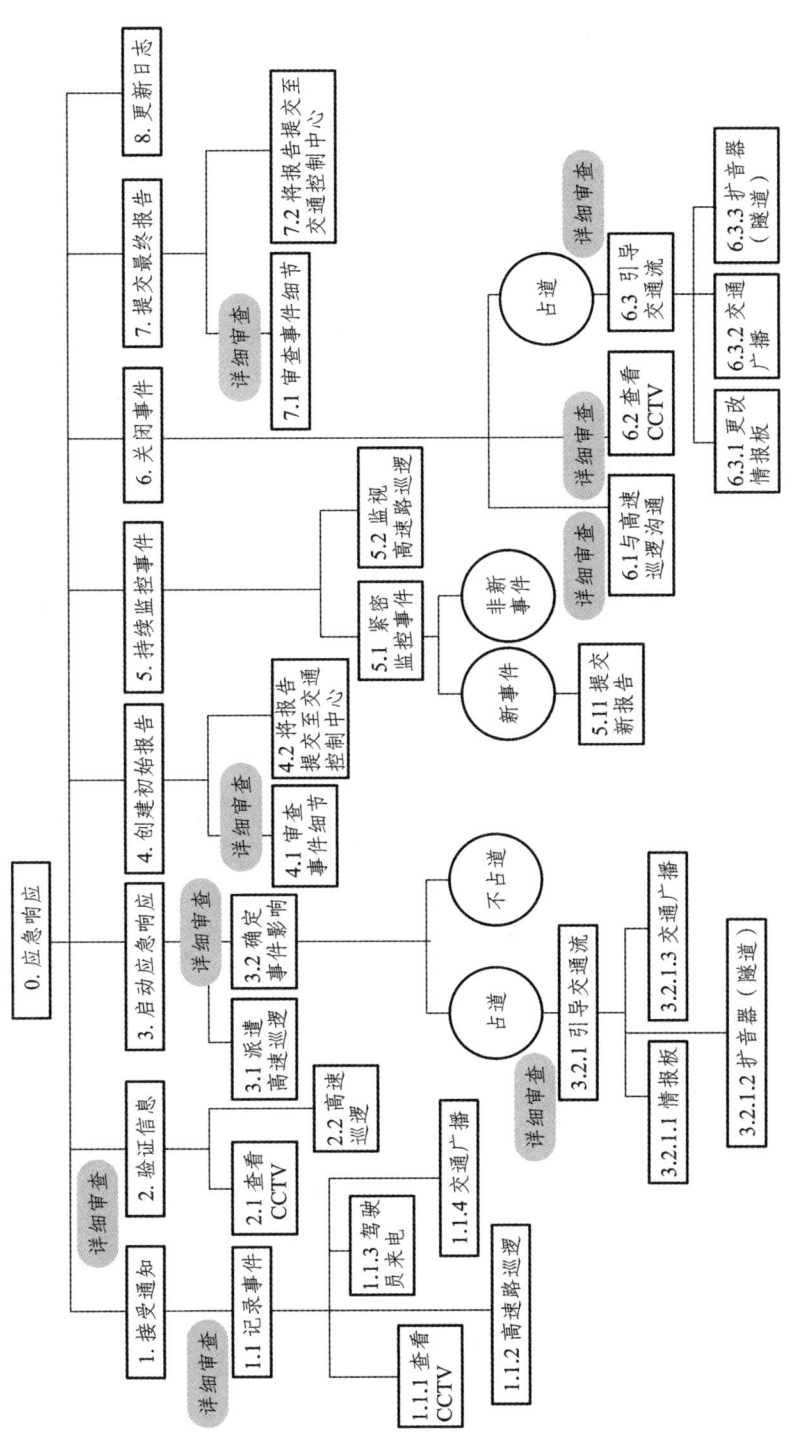

图 4.2 应急响应

子目标 2 [验证信息]：监控员将核实通知来自可信来源。然后，监控员将根据从之前的通知中收集到的线索，跟踪和调查此次事件的信息。监控员会使用事发地点附近的 CCTV 摄像头，或请高速公路巡逻人员跟踪或检查事发地点。监控员将根据管理人员设计的模板收集现场信息，包括事故类型、地点和影响。然后，监控员将利用自己的救援经验来评估信息是否正确。监控员会非常专注，因为有关事故的信息将用于下一次可能的初步事故报告。如果提交的信息有误，可能会妨碍救援工作，监控员将被追究责任。例如，参与者 F 说："你必须认真核实和收集信息，因为如果你把错误的信息传递给其他人，就有可能延误救援，你也会受到惩罚。"然后，如果根据监控员的评估，对事故的反应达到了要求的标准，就会启动应急程序。但是，如果发生死亡事故，监控员则需要上报上级部门进行处理。

子目标 3 [启动紧急程序]：启动应急程序后，监控员将派遣高速公路巡逻队前往现场处理事故。监控员将根据高速公路巡逻队的管辖范围和事故地点选择高速公路巡逻队。这一步骤要求监控员能够根据自己对地理区域的了解迅速选择高速公路巡逻队。大多数监控员都能胜任这项工作。他们认为，只要在规定时间内正确完成，他们的行动就是好的。监控员不会参与处理事故的详细流程，但会继续监视事故，例如事故附近的交通流量，以及如何解决事故等。同时，监控员会根据高速公路巡逻队通过电话、图片和网上共享信息提供的信息，以及 CCTV 的进一步说明，不断评估事故的影响。如果事故导致一条或多条车道受阻，监控员将通过情报板、音频广播（仅在隧道内）和交通广播公告引导交通流。监控员会仔细检查发布的信息，如果发布的信息不符合标准，他们将被追究责任。正如参与者 C 所说："每次向情报板发送文字时，我都要亲自检查，不确定时还要与同事讨论。我特别害怕在这一步出错，因为我们发布的信息会被评估。"

子目标 4 [创建初始报告]：监控员将仔细检查事故详情，包括事故地点、道路状况、事故类型以及报告中文字的准确性、格式和语法，然后在系统输入这些信息，最后将报告提交给交通控制中心。这一点很有必要，因为如果出现错误提交，监控员将被追究责任。正如参与者 F 所说："每次提交信息前，我都会检查信息的内容和格式是否正确，因为一旦出现错误，对我来说就是一个大错误，我会被问责和扣分。"与缺乏经验的同事相比，那些有工作经验的监控员感到不那么紧张，但仍表示这是一项压力很大的工作，他们会非常小心地正确制作和归档报告。

子目标 5 [持续监控事件]：监控员将密切监控事故，检查事故是否已得到解决，以及高速公路巡逻人员是否按照标准程序处理事故。如果出现新的事故信息，例如另一条车道受阻或发生新的事故，监控员需要仔细评估这些新信息，并迅速向控制中心提交有关这些变化的报告。在这个过程中很多监控员提到，他们在事件结束前会感到不安，总是怀疑是否还有未完成的事情。例如，参与者 D 说："有时我下班后都还在挂念还没结束的事件。甚至在家里打电话问同事事件的情况。"这可能是因为意外情况导致事件的解决时间比预期的要长，也可能是因为事件因道路施工等预定原因而继续进行。

子目标 6 [关闭事件]：一旦高速公路巡逻队告知监控员事故已经解决，监控员会通过 CCTV 仔细核实现场情况，以及事故附近的交通是否恢复正常。一旦情况属实，监控员会关闭事件。此时的监控员会如释重负，比如参与者 E 说："当我知道任务已经完成时，我的心情会变得相对轻松。"如果在事故过程中有一条或多条车道受阻，那么监控员现在需要取消情报板上之前显示的引导交通流的文字。这一步骤相对简单，而且不容易出错。此外，监控员还将通过扬声器（仅在隧道内）和交通广播通知司乘人员，该车道现已畅通无阻。

子目标 7 [提交最终报告]：在向交通管制中心提交最终报告之前，监控员要仔细审查自己上传的信息，以防出现任何错误，此时监控员的心情也相对放松，因为出错的可能性已经较低，只需按照规定的程序完成工作即可。

次级目标 8 [更新日志]：监控员创建事件日志以记录事件。这一步非常简单，监控员只需按照模板记录信息即可。由于事件已经完全结束，监控员再次感到轻松。

4.3.2 组织和传递信息

1）报告前一天的道路信息

图 4.3 所示是 1 号监控室报告前一天的道路信息流程。

目标 0 [报告前一天的道路信息]：监控员总结前一天辖区内高速公路上发生的情况，并将信息共享给相关机构。在整个过程中，监控员感觉很平静，因为这是他们已经非常熟悉的日常工作。由于这项工作没有严格的时间限制，所以一般都是在工作闲暇之余执行。但监控员普遍认为这项任务乏味和挑战性较低，正如参与者 E 所说："每天都做这样的任务没有意义。我认为没有人会看我总结的这些报告。这项工作太枯燥、太简单了。我觉得没有必要学习，几岁的孩子都能做。"两个监控室的监控员的目标和经验基本相同，但操作步骤略有不同。此任务分为以下四个子目标。

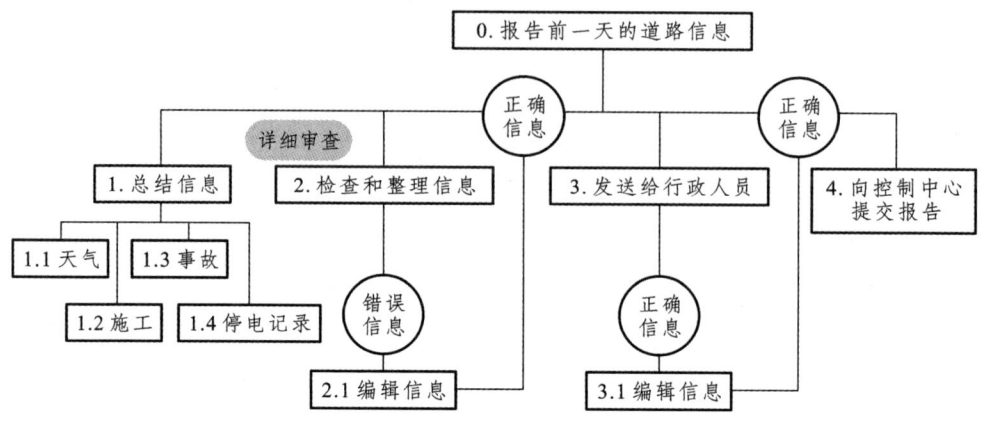

图 4.3 1 号监控室报告前一天的道路信息

子目标 1[总结信息]：监控员将从天气、施工、事故和停电记录中总结信息。

子目标 2[检查和整理信息]：监控员按照要求的格式将信息输入 Excel 表格，并仔细检查内容、语言、语法、拼写、逻辑和格式的准确性。如果内容准确无误，则启动下一步，否则监控员需要再次编辑。

子目标 3[发送给行政人员]：监控员将 Excel 表格发给行政人员审核。如果有任何错误，行政人员会要求监控员予以纠正。

子目标 4[向控制中心提交报告]：信息核对结束后，监控员将向控制中心提交报告。

图 4.4 所示是 2 号监控室报告前一天的道路信息流程。

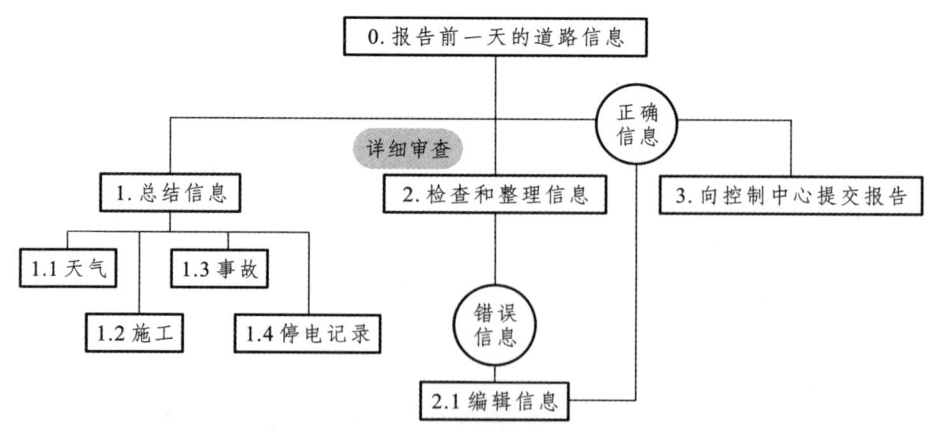

图 4.4 2 号监控室报告前一天的道路信息

2号监控室报告前一天的道路信息程序与1号监控室几乎相同,只是2号监控室的监控员在提交信息之前不需要将信息发送给行政人员。

2)监测高速公路的日常状况

该任务类别的目的是通过收集信息发现道路上的(潜在)危险以做好防范。该任务类别中有三项任务,包括监控天气、监控CCTV和调查交通流量。

A. 监控天气

图4.5所示是1号监控室监控天气信息的流程。

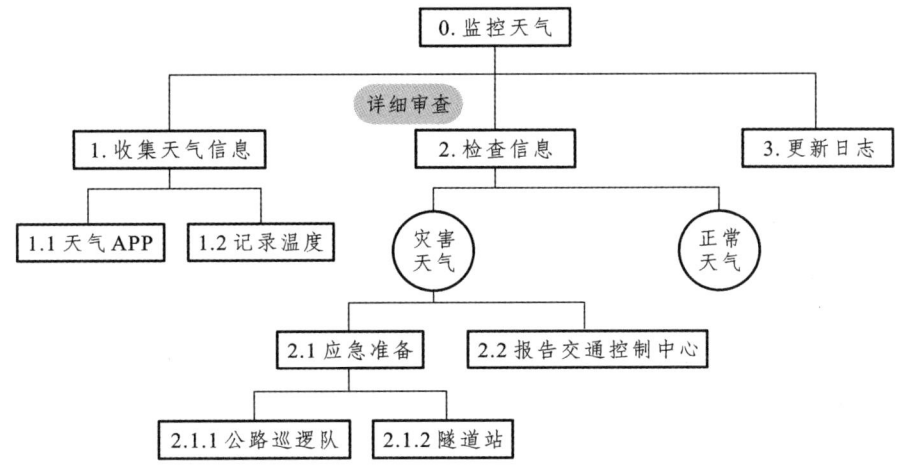

图4.5 1号监控室监控天气信息

目标0[监控天气]:监控员收集第二天的天气预报(00:00—24:00),以便应对异常天气。监控员通常在工作不繁忙时执行这项任务。但是,在恶劣天气多发季,这项工作就变得非常重要。正如参与者A所说:"在平时,这是我不忙时完成的例行工作。但在冬季和夏季,这项任务就变得更加重要,因为这两个季节经常会遇到恶劣天气。天气预报可以让我们及早做好准备。"此任务分为以下四个子目标。

子目标1[收集天气信息]:监控员将从天气应用程序中收集24小时内的气温和天气状况信息,然后将这些信息记录在模板文件中。

子目标2[检查信息]:监控员在收集天气信息时需要注意任何异常天气预报。如果预计在随后的24小时内会出现灾害天气,监控员将通知高速公路巡逻队以及桥梁和隧道站的同事,他们将启动应急准备;同时,监控员将向交通控制中心报告这一潜在风险。

子目标 3 [更新日志]：监控员更新天气日志，然后任务完成。

图 4.6 所示是 2 号监控室监控天气信息的流程。

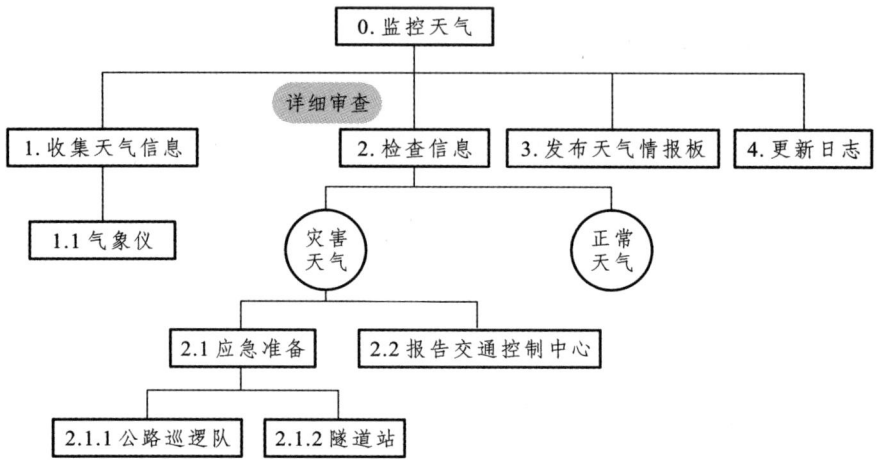

图 4.6　2 号监控室监控天气信息

目标 0 [监控天气]：监控员将收集的天气信息实时发布在道路两边的情报板上以及时提醒驾驶员（这与 1 号监控室有所不同）。此任务分为以下四个子目标。

子目标 1 [收集天气信息]：这些信息包括气温、道路附近气象仪器每隔几小时显示的天气状况，并将这些信息记录在模板中。

子目标 2 [检查信息]：该步骤与监控室 1 的子目标 2 相同。

子目标 3 [发布天气情报板]：监控员将发布实时天气信息。

子目标 4 [更新日志]：该步骤与监控室 1 的子目标 3 相同。

B. 监控 CCTV

监控室监控 CCTV 的流程如图 4.7 所示。

目标 0 [CCTV 检查]：目的是检查整个控制区的路况，以排除风险和确保 CCTV 系统运行良好。监控员每天进行数次 CCTV 检查。例如，在交通繁忙的节日期间，监控员会每隔 30 分钟通过 CCTV 检查一次道路情况。在交通流量正常的工作日，则是每天检查两次。但在监控员工作繁忙或高速公路交通流量较小时，监控员可能不会或者少执行此工作。此外，监控员对这项工作的态度也会受到不同道路环境的影响。监控员认为，在没有特殊情况（如节假日或极端天气）的情况下，很难利用 CCTV 随时了解重要的交通状况。此时，持续查看所有 CCTV 屏幕对他们来说是一项例行公事，因此对这项任务的重视程度也不高。但在车流量大的时候，监控员会非常积极认真地勘察高速公路，因为他们认为此时通过 CCTV 很容易发现高速公路上的危险。正如监控员 D 所说："我们很难通过 CCTV 发现交通异常情况，但在节假日期间持续监控 CCTV 是非常重要的，此时，我们会频繁地检查道路，事故通常会在半小时内被发现。"

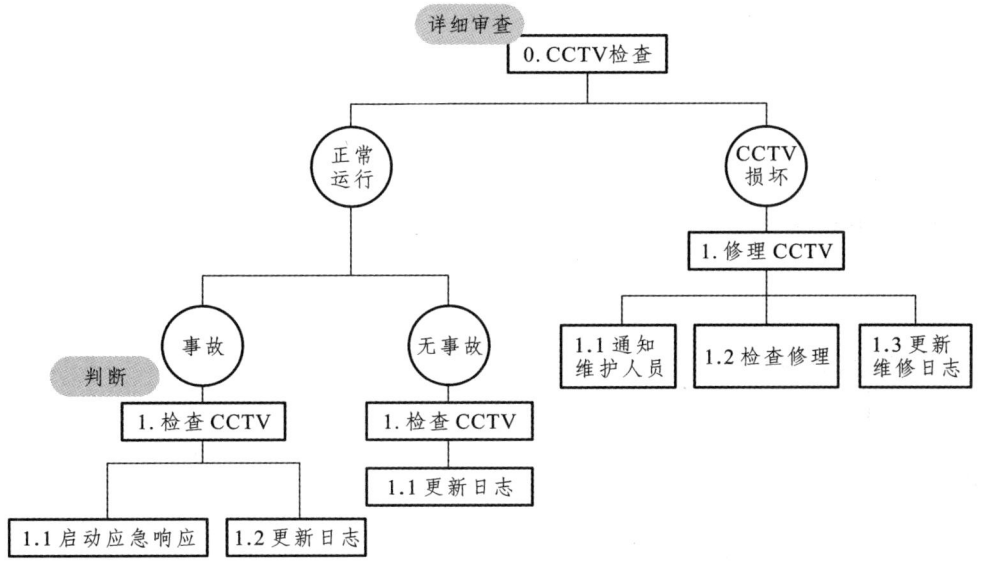

图 4.7 监控 CCTV

对于 CCTV 检查有以下三种情况需要考虑：

（1）CCTV 正常运行，无事故：

目标 1[检查 CCTV]：监控员将逐一检查控制区的 CCTV 屏幕，记录道路状况和检查地点的详情以及更新道路情况日志。

（2）CCTV 正常运行，有事故：

目标 1[检查 CCTV]：监控员将检查道路上是否有任何拥堵或事故。如果发现有拥堵现象，他们会查看拥堵周围的视频。如果发现事故，监控员会判断事故是否严重到需要采取应对措施；如果严重到需要采取应对措施，就会启动应急响应，然后监控员会更新日志以记录道路状况和检查过的地点。

（3）CCTV 损坏：

目标 1 [修复 CCTV]：如果监控员发现 CCTV 系统损坏，则通知维护人员。一旦问题得到解决，监控员将检查维修情况，并更新维修日志。

C. 监视电视墙上的交通情况

监视电视墙上的交通情况流程如图 4.8 所示。这项任务的目的是让监控员能够持续检查高速公路上的一些高危路段。大多数监控员表示，在工作不忙的时候，他们会时不时地抬头看看电视墙上的路况，特别关注一些重要事件。例如，参与者 J 说："电视墙上经常会显示一些施工，我有空时就会抬头看看。这是我的习惯。"

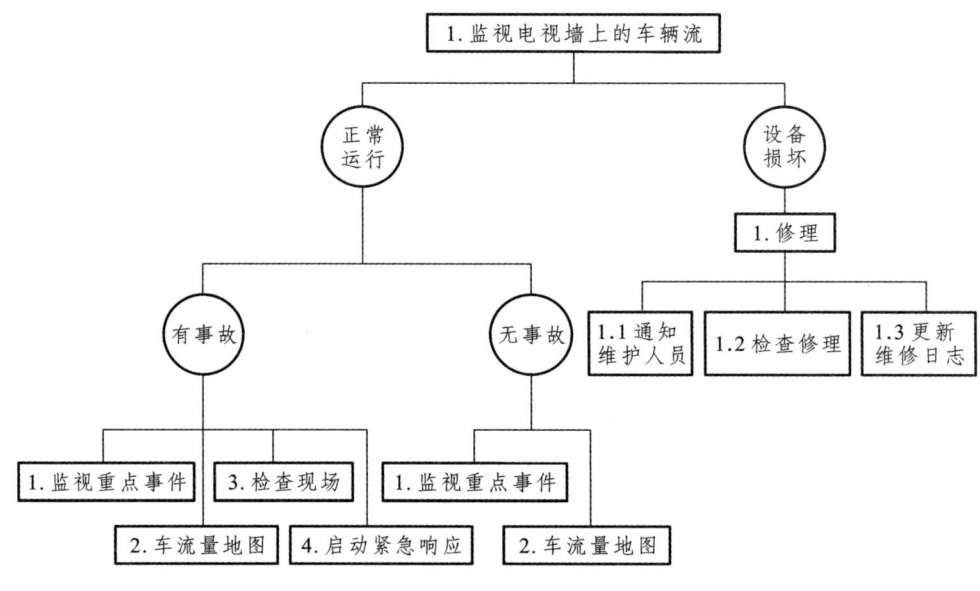

图 4.8　监视电视墙上的交通情况

在 1 号监控室，电视墙一直悬挂在监控员面前（见图 4.9）。电视墙由一个大屏幕和一个电子地图组成，通常会一起使用。监控员通过大屏幕详细监控实时交通流量，并通过电子地图查看总体交通状况。图 4.8 中，左侧和右侧的大屏幕用于显示一些选定的危险路段，如事故多发路段，以及桥梁、隧道和道路施工现场，这些地点由主管人员选定，并定期更换；中间部分是电子地图，显示控制区域内交通流量的实时分布情况，如果出现拥堵，拥堵路段会在几分钟内变成红色。

图 4.9　1 号监控室的电视墙

2 号监控室的电视墙情况类似，但 2 号监控室只有一个大屏幕，用于显示高速公路上的重要位置（见图 4.10）。除信息资源不同外，两个监控室在监控 CCTV 方面的任务程序大致相同，因此两个监控室只需进行一次描述即可。

图 4.10　2 号监控室的电视墙

监视电视墙上的交通情况有以下三种状况需要考虑：

（1）正常运行，有事故：

子目标 1 [监视重点事件]：监视重点事件，比如拥堵、施工、事故占道等。

子目标 2 [车辆流地图]：查看地图上的车流量，定位大致拥堵点。

子目标 3 [检查现场]：通过 CCTV 检查事故现场。

子目标 4 [启动紧急响应]：启动应急响应。

（2）正常运行，无事故：

子目标 1 [监视重点事件]：监视重点事件，同上。

子目标 2 [车辆流地图]：查看地图上的车流量，同上。

（3）设备损坏：

子目标 1 [修复 CCTV]：如果监控员发现 CCTV 系统损坏，会通知维护人员。一旦问题得到解决，监控员将检查维修情况，并更新维修日志。

D. 监控高速公路风险

监控高速公路上的风险点旨在利用道路救援人员提供的信息监控道路上的潜在风险，如道路工程和断电。这项任务的流程包括：从路边救援人员处收集新信息，将新信息与监控员已收到的记录信息进行比较；监控员记录信息以完成任务。这些都是监控员的日常职责。只要收集到的信息没有错误，监控员就会感到平静，正如参与者 I 所说："我们需要仔细记录来自路边助理的信息，以避免任何错误。我们最怕的是收集到的信息与我掌握的信息不一致，那么一定是某个环节出错了。"这类任务有两项：一项是"监控道路施工"，这项任务从高速公路巡逻人员的报告中收集信息；另一项是"监控施工和停电"，这项任务需要桥梁和隧道站的报告。由于两个监控室的管理不同，这些任务在两个监控室中大致相似，但略有不同

（1）监控道路施工：如图 4.11 所示，两个监控室的任务程序相同。

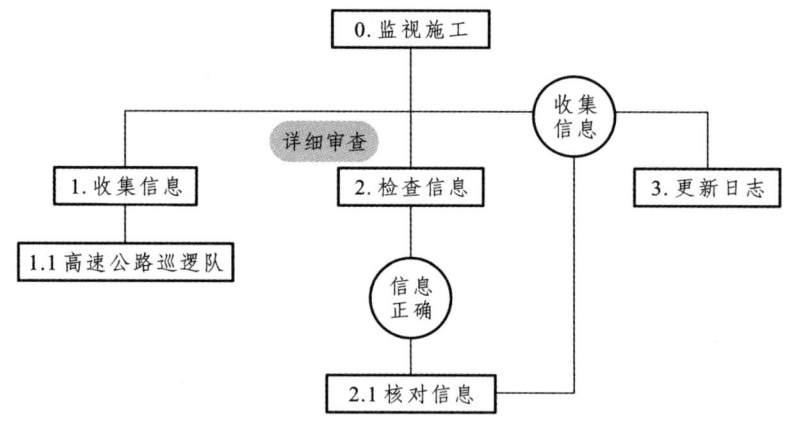

图 4.11 监控道路施工

目标 0 [监控道路施工]：从高速公路巡逻报告中收集施工信息，以监控道路施工活动。该任务分为以下三个子目标。

子目标 1 [收集信息]：高速公路巡逻队将向监控员提供一份报告，内容包括施工地点、持续时间和占用车道的情况，以及施工单位是否持有施工许可证。

子目标 2 [核实信息]：监控员需要检查高速公路巡逻队的报告与 CCTV、交通控制中心等记录的信息之间是否存在差异。如果存在信息不对称，监控

员将进行调查。

子目标 3 [更新日志]：当所有信息一致时，监控员将更新记录。

（2）监控道路施工和停电：该任务仅存在于 1 号监控室（见图 4.12），目的是收集隧道和桥梁车的施工和停电信息。此外还有其他来源的信息。此任务程序与"监控道路施工"任务几乎相同。

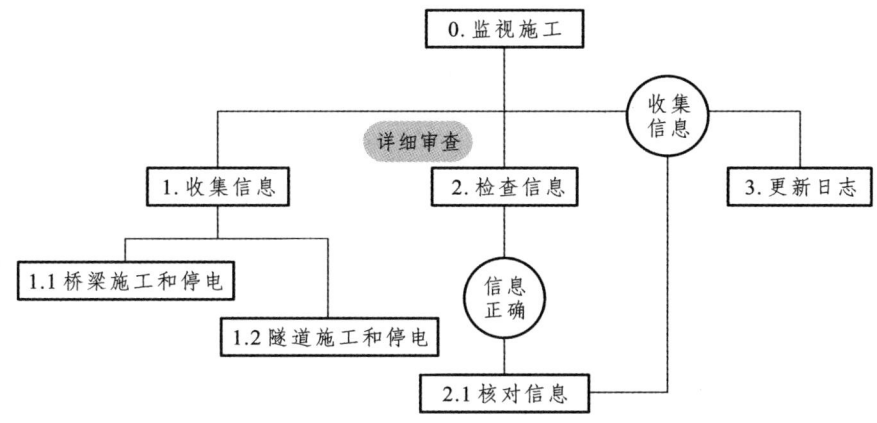

图 4.12　监控道路施工和停电

E. 例行工作

（1）发布预定义信息：如图 4.13 所示。

目标 0 [发布预定义信息]：在非紧急情况下向司乘人员发送预定信息。这些信息包括天气、温度、政治标志和安全标语，由管理者选定，监控员只负责在情报板上发布这些信息。例如"路况复杂，请小心驾驶"。在访谈中发现，监控员的工作重点是认真核对信息，杜绝任何错误，以免被追究责任。例如，参与者 H 说："在信息栏发布内容之前，我会仔细检查。我们的领导对此非常重视。如果出错，我会受到惩罚。"这项任务的程序在两个监控室都是一样的。该任务分为以下四个子目标。

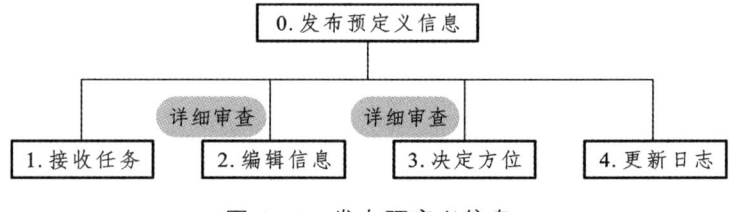

图 4.13　发布预定义信息

子目标 1 [接收任务]：监控员时不时地从管理人员处接收到发布各类信息的任务。

子目标 2 [编辑信息]：监控员不会更改信息内容，但会花精力选择格式和颜色。

子目标 3 [决定方位]：监控员在选定的情报板上发布信息。

子目标 4 [更新日志]：监控员更新显示信息的记录。

（2）检查情报板：如图 4.14 所示。

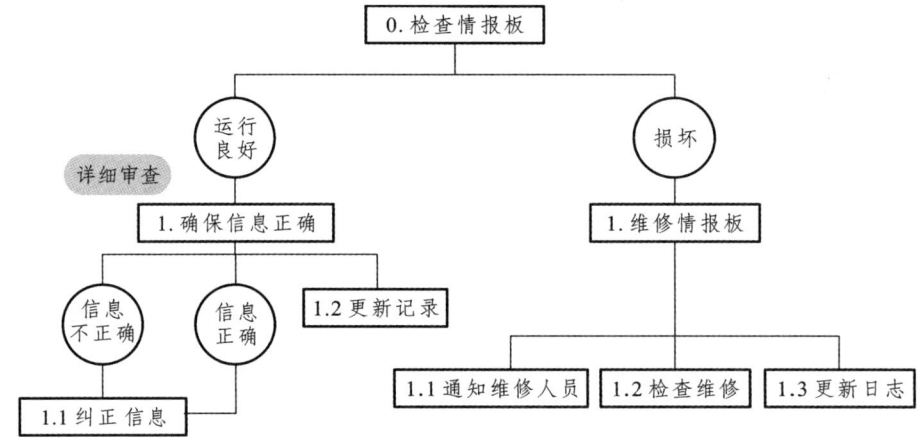

图 4.14 检查情报板

目标 0 [检查情报板]：检查情报板的运行状态和显示的信息内容。监控员每天执行该任务两次。虽然完成这项任务并不需要非常复杂的知识，但监控员仍然需小心谨慎避免出错。这项任务有以下两种情况：

① 如果情报板运行良好：

子目标 1 [确保信息正确]：监控员将检查每个情报板的运行状态和显示的信息内容。如果情报板运行良好，监控员会检查每条信息的位置、文本格式和颜色是否匹配，纠正其中问题。之后监控员将更新情报板记录。

② 如果情报板损坏：

子目标 1 [维修情报板]：监控员将通知维修人员。一旦问题得到解决，监控员将检查维修情况，之后创建维修日志。

（3）检查隧道内的设备：如图 4.15 所示。

目标 0 [检查隧道内的设备]：只有 2 号监控室有此项任务，因为 2 号监控室监管范围涉及隧道。这项任务的目的是确保隧道内设备的正常运行。监控员每天检查两次隧道内的照明、广播、风扇、变速限速标志和通风鼓风机等设备。这也是监控员的日常工作。它对技术知识和时间的要求不高，监控员往往能轻松完成这项任务。这项任务有以下两种情况：

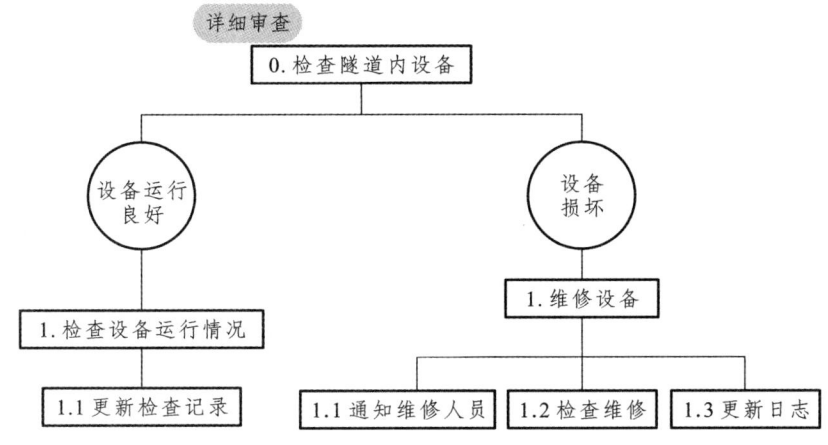

图 4.15　检查隧道内的设备

① 如果设备运行良好：

子目标 1[检查设备运行情况]：监控员检查所有设备的运行情况。如果运行良好，监控员会更新检查记录。

② 如果设备损坏：

子目标 1[维修设备]：监控员通知维修人员。一旦问题得到解决，监控员将检查维修情况并更新维修日志。

4.4　高速公路监控任务分析总结

本研究从监控员和高速公路系统工程师的视角，深入剖析了真实高速公路监控室中与道路安全相关的一系列核心任务，探讨了这些任务的执行流程和认知要求。本研究全面涵盖了各项任务的发生条件、目标和子目标，并通过层次化的结构对重要任务进行了系统整理。结合 HTA（任务分解分析）和 CTA（认知任务分析）有助于揭示个人活动、目标、信息需求和动机的复杂关系（May、Mitchell 和 Piper，2014）。这一分层结构帮助理清了认知和物理元素之间的相互作用，并突显了它们在任务执行中的意义（Shepherd，1998）。与以往研究将焦点局限于交通控制系统领域的紧急任务分析（Dadashi 等，2013；Starke 等，2017）相比，本研究为常规任务的安全影响提供了新的见解，弥补了现有研究的空白，并为优化高速公路监控系统的设计提供了新的思路。

在本调研中监控员的主要任务并非直接处理事故，而是确保收集到的信息符合监管部门要求，并及时传送给交通控制中心、媒体机构及其他相关单位。这一重心的转移，可能与现有技术条件下的设备限制有关。由于设备质量问题，监控员很难全面掌握高速公路的实时状况，因此他们主要依赖两类信息来源：① 设备信息，包括 CCTV 系统、电子显示屏和气象站等监控设施；② 道路人员信息，包括道路救援人员和道路使用者。然而，由于设备的不稳定性以及人工数据收集的局限性，通过这两种渠道获取的信息往往存在不完整性或延迟性。因此，监控员将工作重点从主动管理事故转移至确保信息的准确传递，因后者相对更易实现。

第 5 章 监控员投入度动态变化特点和界面设计策略

5.1 监控员工作投入度动态变化特点

5.1.1 监控员工作投入度的动态变化

工作投入度与员工工作表现和福祉之间存在显著正相关关系（Bakker 和 Demerouti，2008；Bakker 等，2008；Bledow 等，2011），这一关联性表明，提升员工的工作投入度对于个体与组织均具有重要价值（Smith、Blandford 和 Back，2009；Schaeffer 和 Lindell，2016）。然而，在高安全级别的监控环境中，监控室工作人员的投入状况却普遍不佳。例如，在 CCTV 监控室（Smith，2004）、核电站监控室（Izsó 和 Antaiovits，1997）以及高速公路监控室（Jin、Mitchell 和 May，2020；Jin 等，2022）等场景中，研究均表明监控员的投入水平较低。这种低投入状态不仅影响任务工作表现，还可能对公共安全构成潜在威胁。然而，尽管该问题的影响深远，当前针对监控室工作投入度的研究仍较为零散，缺乏系统性探讨（Roto、Palanque 和 Karvonen，2019）。

此外，工作投入度并非稳定不变，而是随着影响因素的作用在认知、情感和身体层面呈现不同程度的自我投入（Kahn，1990；Sonnentag、Dormann 和 Demerouti，2010；Yonekura、Kajiwara 和 Shimakawa，2016）。然而，对于监控室工作人员而言，不同投入等级的具体体验及其背后的机理仍然缺乏深入研究。这一知识空白可能阻碍基于实证的设计改进：若无法明确不同投入等级所面临的具体问题，设计师难以制定有效的干预策略以改善监控员的工作状态。因此，本研究旨在系统探讨高安全级别监控环境中监控员的典型投入等级，分析影响其投入状态的关键因素，并探索如何通过界面设计优化这些因素来改善监控室工作人员的整体投入水平。

5.1.2 监控员全情投入的定义和可操作化

基于工作投入（Schaufeli 等，2002）、个人投入（Kahn，1990）和任务投入（Matthews 等，2017），监控员全情投入（以下简称投入）可定义为由以下四个核心维度构成的状态：

（1）心理复原力：指任务引发的能量唤醒，以及在面对困难时表现出的坚持不懈（Schaufeli 等，2002）。

（2）价值：涵盖个体对任务的重要性感知（Kahn，1990）以及完成任务的竞争驱动力（Matthews 等，2017）。

（3）情绪：包括执行任务时的愉悦感（Schaufeli 等，2002）和兴趣驱动（Matthews 等，2017）。

（4）认知参与：涉及对当前工作的专注度、时间感扭曲（Schaufeli 等，2002）、认知警觉性（Kahn，1990）以及难以从任务中抽离的状态（Schaufeli 等，2002）。

全情投入受到心理意义、心理可用性和心理安全的影响（May、Gilson 和 Harter，2004；Kahn，1990）。通过调整这些因素可能导致不同工作状态之间的动态转化，例如工作狂、脱离、倦怠和投入之间的相互转换。

专注是衡量和理解投入度变化的重要标志。例如，"流动"（flow）被认为是高度投入的典型状态，其特征包括高度集中、无自我意识以及积极情绪（Csikszentmihalyi，2002；Reid，2011）。相对而言，"脱离"（disengagement）则代表低投入状态，表现为对工作的退缩与注意力的分散（Kahn，1990）。专注程度的某些外在表现可作为投入度变化的可见指标。例如，研究表明，人类可以通过面部表情的变化（Rozin 和 Cohen，2003）、身体姿势和动作模式（Garber-Barron 和 Mei Si，2012）来判断专注程度。这些研究为监控员投入体验的追踪与优化提供了理论依据。然而，现有文献仍未清晰界定监控员在不同典型投入等级下的具体体验及投入受损的关键原因，阻碍了基于实证动态管理的监控员投入度。因此本章旨在指出高速公路监控室监控员的典型投入度等级特征和这些等级受损的原因，并提出界面设计策略以改善监控员投入度。

5.2 以用户为中心的案例研究

5.2.1 方法概述

本研究采纳了以用户为中心的方法（Ross、May 和 Cockbill，2020），通过案例研究，定义和解释了每个典型的投入度等级，并通过调节三种心理因素（Kahn,1990）解释了投入度降低的原因和识别了提高投入度的机会。参与者样本包括 15 名高速公路监控员，8 男 7 女，年龄在 25 岁至 50 岁之间。所有参与者都有三年以上的工作经验。15 名监控员中，8 人负责应急响应，7 人负责日常监控。所有参与者受雇于我国西南部的一个高速公路监控室。所有参与者均自愿参与投入度研究，未获得任何经济奖励。

本研究选择了我国西南地区的一个高速公路监控室进行实地考察。监控室里有一面大型电视墙（见图5.1），由三部分组成，左边有28个视频屏幕，中间是全省高速公路交通流量电子地图，右边是另外28个视频屏幕。电视墙上的视频显示了一些高危路段，如车流量最大的地方、道路施工、天气突变等。监控台在电视墙前，约10米长，监控员一抬头就能看到电视墙上的高速公路状况。

图 5.1 某高速公路监控室布局

监控室有两个监控员岗位负责监控高速公路路段，一个负责应急响应，另一个负责日常监控。应急响应包括接收和发送警报，即收集、编辑并向上级行政单位报告事故。日常监控包括根据路况更换情报板。这两个岗位都需要通过经常检查交通监控系统使用的社交软件以及电脑和电视墙上的电子地图和实时高速公路视频来监控路况。每个岗位都需要操作两台电脑，并为应急响应岗位配备了一部电话。指挥室全年全天候有人值守。交通监控室需要两班倒，白班7小时，夜班17小时，每班有两名监控员共同工作。

本研究通过录像记录了监控员在7个白班和8个夜班工作的情况。每个班次的观察时间都不同，这样可以观察到监控员在一天中不同时间的动态工作状态（Smith，2004）。每位监控员的平均观察时间为1小时51分钟。这些信息显示在附录4中，包括参与者、位置、班次和观察时间的记录。研究团队由一名用户体验研究员、一名企业管理研究员和一名高安全级别系统监控员组成。

5.2.2 调研流程

本研究的实地观察采用AEIOU框架（Hanington和Martin，2012），系统性地记录了监控员工作中的五个关键维度：活动、环境、互动、对象和用户。这一方法确保了对监控员工作情境的全面理解，并为后续分析投入度变化提供了基础。

活动（activities）：记录监控员在交通监控室内的行为，包括执行监视任务、与同事交流、使用手机等。

环境（environments）：描述行为和互动发生的背景信息，例如高速公路的交通状况、时间、监控室的布局等。

互动（interactions）：关注监控员之间的沟通方式与合作情况。

对象（objects）：记录监控员在执行任务时使用的工具，例如计算机、手机、电话等。

用户（users）：观察并记录监控员的表情、态度、注意力水平及其言语表达，以捕捉其心理状态的变化。

为减少对监控员工作的干扰，研究人员在观察过程中保持旁观者的角色，并未直接与监控员交流。

为了进一步探究监控员在工作过程中与投入度变化相关的行为和体验，研究人员在观察过程中密切关注专注度的波动，并在监控员专注度发生显著变化的时间点进行记录（示例见图 5.2）。这些记录不仅用于数据分析，还可作为后续访谈的线索，以帮助监控员回忆当时的工作情境和主观体验。所有观察内容都被视频记录。

> "（13:52）参与者J忙于向控制中心报告新的信息，看起来非常严肃，路上发生了事故。（14:07）他低下头开始玩手机，开始专注于手机，看起来开心且放松。"

图 5.2 记录观察到的工作态度变化时间的示例

观察结束后，研究人员对监控员进行了半结构化访谈（Turner，2014），访谈时长共计 1.5 小时，并全程录音记录。访谈问题依据监控员全情投入的定义制定，旨在澄清影响投入度变化的因素和理解监控员在不同情境下的投入状态，具体问题包括：

（1）你当时正在执行什么任务？
（2）你为什么选择以这种方式执行任务？
（3）在那个时刻，你的情绪如何？是紧张、忐忑、放松还是愉悦？
（4）你是否感受到时间流逝的变化？时间过得快还是慢？
（5）你是否有时间进行短暂休息，如喝水或上厕所？

数据记录分为三个主要部分：A 栏记录观察内容和非正式访谈，B 栏记录监控员的操作及道路状况，C 栏记录研究人员的观察反思。每栏的具体功能请参照表 5.1。这些功能分类有助于系统化整理观察数据和提高数据收集的完整性和可追溯性。

表 5.1　注释表格

A 栏： 观察记录与 非正式访谈	该栏详细记录了所有观察到的监控员行为及与其进行的非正式访谈内容。所有观察均按时间顺序报告，并精确到最近的分钟
B 栏： 操作记录与 道路状况	该栏按时间顺序记录了监控员在观察期间的具体操作以及相应的道路状况（见附录 5）。记录内容包括：① 发送至情报板的信息及发送时间、高速公路巡逻记录、道路工程记录、事故应对措施的详细描述；② 隧道断电时间、救援服务活动详情。通过对比监控员的操作记录、道路状况以及监控员的行为与态度，研究人员能够更深入地理解监控员决策的逻辑及其行为动机。这一分析有助于识别影响监控员投入度的关键因素，并为优化监控流程提供数据支持
C 栏： 研究人员的 观察反思	研究人员在观察过程中不仅记录客观数据，还依据 Mulhall（2003）的建议，重点记录自身在观察过程中的思考和感悟。这些反思按照时间顺序整理，旨在补充定性分析，帮助研究人员更全面地理解监控员的工作体验及其投入状态的变化

在观察后，根据用户体验研究员的反思，初步确定了影响监控员投入度的四个指标。这些指标被用于对视频观察结果进行更深入的分析。

（1）监控员是否主动投入与工作无关的事务，反映了他们工作的投入程度。在实地观察过程中，监控员在认真工作时并没有投入个人事务。当监控员不认真工作时，总是很容易被与工作无关的事情分心，如聊天、玩智能手机、吃零食等。参与者 A 就是一个很好的例子：只要一有空，她就开始与同事聊天，但当她沉浸在工作中时，她却从未与他人聊过天。

（2）对工作中与工作无关的干扰所持的态度表明监控员的投入程度。研究人员发现，当监控员全神贯注地投入工作时，他们可以忽略周围一切与工作无关的干扰，不愿意被打扰。例如，当参与者 G 非常忙碌时，她完全无视周围同事的聊天，并直接要求其他人不要打扰她。

（3）监控员是否关注高速公路的实时状况可以反映出他们的投入程度。监控室的监控员需要不时地观看电视墙上或电脑上的高速公路实时 CCTV、电视墙上的通用分组无线服务（GPRS）电子地图以及社交应用程序上与道路相关的信息。在实地观察中发现，有些监控员完全忽略了这些信息来源，而另一些监控员则时不时地查看一下。这个指标尤其有助于识别监控员是否对其工作漠不关心。例如，当高速公路上没有异常情况，也没有工作需要紧急进行时，参与者 D 会偶尔查看社交应用程序和高速公路上的 CCTV。然而，参与者 F 在不工作时会不停地玩手机或睡觉，即使社交应用程序上有新消息提醒她,她也不会去看。

(4)低投入的员工很容易离开工作岗位。根据观察,低投入度的监控员经常长时间离开座位。

5.2.3 分析观察和访谈数据

1)建立分析数据库

这一步骤的目的是从收集数据中转录与投入相关的信息,由三位研究人员共同执行以提高转录的客观性。转录工作主要分为三个步骤:第一,三位研究人员沉浸在文献和观察资料中(即实地观察笔记和视频、监控员投入度的初步指标和任务分析),这一步有助于所有研究人员熟悉数据;第二,每位研究人员根据投入度指标手册(见表5.2)转录每段视频中与投入度相关的内容,该手册从两个方面(即行为和体验)总结了与投入度相关的指标;第三,在每次视频转录结束后,研究人员都会聚在一起讨论视频转录的要点和有争议的地方,直到大家就转录内容达成共识。

表 5.2 投入度指标手册

行为	1. 口头交流(Reeve 等,2004):监控员正在谈论的内容。如果谈话内容与工作有关,则逐字记录。如果谈话与作无关,则用"聊天"来描述,与时间和经验有关的话题除外。 2. 互动:监控员与谁互动(O'Malley 等,2003),目的是什么? 3. 活动(Wood 等,2016):活动的特点是什么? (1)如果某项活动与工作有关,则可以是:监控员如何执行例行任务、监控员如何应对或处理紧急情况和警报、监控员使用什么工具接收警报(即官方通信软件、电话、电视墙)、监控员使用哪些软件(即CCTV监控系统、情报板软件、官方通信软件、事故报告软件),以及监控员是否容易从工作中分心?(Bakker,2008) (2)如果某项活动与工作无关,如使用私人电话、睡觉、涂鸦等,则未详细记录。此外,活动可能偶尔会有重叠,但每个特定时间内注意力最集中的活动都会被记录下来(Oliveira、Birrell 和 Cain,2020)。例如,如果监控员在检查道路记录的同时接听电话,则第二项活动将优先进行,就像第一项活动已经停止一样 4. 明显的肢体语言: (1)快速改变姿势(S.D'Mello、Chipman 和 Graesser,2007;Sanghvi 等,2011) (2)头部跟随任务移动(Bianchi-Berthouze,2013) (3)频繁使用鼠标或键盘,查看电脑屏幕或明显观看电视墙

续表

体验	1. 吸收（Schaufeli 等，2002）：监控员的注意力在哪里（Reeve 等，2004）？他是如何应对工作中的中断和干扰的？他最初是否对此视而不见？他是否故意投入了非工作事务？ 2. 敬业精神（Schaufeli 等，2002）：监控员是否对其工作承担个人责任（Reeve 等，2004）？他在工作中是否付出了额外的努力（Bakker 和 Demerouti，2008）？ 3. 情绪（Kahn，1990）：例如，热情（Bakker 和 Demerouti，2008）、挑战（Schaufeli 等，2002）、焦虑（Kaasinen 等，2015）、安全（Koskinen、Karvonen 和 Tokkonen，2013）、放松、投入、平静等。 4. 动机（Bakker、Demerouti 和 Sanz-Vergel，2014）：监控员如何看待他们的任务？他们对自己的任务或工作有什么价值？他们最关心工作的哪些方面？ 5. 复原力：他或她是否有能力（Hollnagel 等，2011）？监控员在遇到困难时是否坚持不懈？监控员是否寻求过他人的帮助？他们是否精力充沛（Bakker 和 Demerouti，2008）？ 6. 保持警惕：警报何时响起？监控员何时做出反应？（可以通过官方通信软件和电话的文本、语音信息或图像通知需要响应）他们是否延迟检查或根本没有对警报做出反应？他们是否通过CCTV或电视墙上的事件提示积极监控高速公路上的实时情况？ 7. 气氛：高速公路监控室的气氛如何？是积极的（Schaufeli 等，2002）、悠闲的、忙碌的、紧张的、严肃的、轻松的还是快乐的？

2）确定不同的投入度片段

这一步骤的目的是通过使用时间戳，根据监控员投入程度的变化将转录分为不同的独立片段。只有当三位研究人员通过评估监控员的面部表情变化、身体姿势和动作，一致认为监控员的注意力发生了明显变化时，才会在转录中插入时间戳，每个时间戳的格式为：时:分:秒（见图 5.3）。这些不同的投入度片段用于提供各种投入度等级的特征。

> "（13:52:00）00:00:00 参与者M非常忙于向控制中心报告新信息，他握住鼠标并使用键盘，身体稍微前倾，紧盯屏幕，姿势变化不大，可以简短地回答同事的问题，看起来他不希望被打扰。他看起来非常严肃。（14:07:26）00:09:26 参与者M几乎完成了他的任务，他开始与同事聊天，同时报告信息，他的语气和面部表情看起来比之前更加放松，他依然握住鼠标并使用键盘，偶尔看向电视墙。"

图 5.3 确定不同的投入度片段

3）确定不同的投入度级别

在这一步骤中，各种投入片段被划分到各个投入等级。脱离（Kahn，1990）和流动（Csikszentmihalyi，2002）分别被假设为最低和最高的投入等级，并将其视为投入连续体的极端。三位研究人员根据四项原则（见表5.3）共同确定了这些片段在这个连续体中的位置，以便根据投入程度对这些片段进行分组。最后确定了从0级到4级的五个投入度数据集。最初的细分群体数量分别为70、50、60、80和32个，在随后的分析中被用作五个投入度数据集。

表5.3 四项原则

原则	说明
原则1	首先列出最高和最低的投入片段
原则2	具有重叠特征片段被放在临近位置。这些特征基于对个人行为（即语气、活动、身体姿势、面部表情）、经验（即情绪、感觉、思想、期望、注意力、对工作干扰的态度）和任务特征的考虑
原则3	体验是决定投入度程度的核心。例如，当需要立即做出反应时，参与者K仍在做与此无关的工作，表现出漠不关心的态度。在这种情况下，投入度是由该监控员的体验而不是所要求的任务决定的
原则4	在更具挑战性的工作情况下（如道路事故），投入度较高；而在乏味的工作情况下（如例行监测），投入度较低（Kahn，1990）

4）分析不同投入度级别

在这一分析步骤中，研究的核心在于通过细致分析每个投入度等级在行为和表达上的具体特征，以及这些特征所反映的心理和情感状态，来深入理解、描述和概念化每个投入度等级。为此，本研究采用了框架驱动的主题分析方法（Braun和Clarke，2006），这一方法有助于在预设的框架内系统化地提取与投入度相关的行为模式，并从中识别出不同投入度等级的表现差异。

每个投入度等级的分析基于前文所定义的监控员全情投入度的四个维度，即心理复原力、价值、情绪和认知参与。通过对这些维度的编码，研究人员能够准确地识别与投入度相关的行为和表达，而不涉及监控员在其他方面的工作体验。

在具体操作中，三位研究人员根据表5.4中所列出的框架对每个投入度等级的访谈和观察片段进行编码。编码过程的目标是提取出每个投入度等级的行为和体验，并进一步分析这些行为背后的心理动因，并为每个等级的定义提供深入的实证支持。

表 5.4　编码框架

全球主题/指标概括的典型投入度等级	组织主题/确定投入度方面	基本主题/表明投入度内容	代　码
典型投入度等级的简要说明	A. 心理复原力	a. 对任务的精力唤醒	1. 通过观察监控员的手部动作和口语交流是否与当前任务完全相关，评估监控员在任务中的活跃程度（如不活跃、略微活跃、适度活跃、活跃、高度活跃） 2. 从他们的对话中推断出的能量等级是多少？
		b. 面对困难坚持不懈	3. 通过观察他们在工作时是否请求他人帮助完成任务来描述他们是否能独立完成任务 4. 有哪些技术缺陷妨碍他们完成任务？ 5. 他们认为自己有能力完成这些任务吗？
	B. 价值	c. 当前任务的意义	6. 根据目标任务描述和任务出现频率，评估他们所做任务的重要性 7. 他们如何评估从口语交流中推断出的任务对道路安全的重要性？
		d. 成功动机（Matthews 等，2017）	8. 通过观察领导者的存在是否改变了他们的行为，评估领导者的存在对他们工作动机的影响 9. 除了加强道路安全之外，从他们的口语交流中可以推断出是什么影响了他们执行当前任务的动机 10. 通过了解他们对投入度非工作事务的态度（如故意、被动、短暂、主动），评估他们完成任务的动力
	C. 情绪	e. 愉快（Schaufeli 等，2002）和有趣的体验（Matthews 等，2017）	11. 通过评估他们的语气（例如，他们的语气是自信的还是担心自己能否正常完成工作，他们是否很匆忙）、面部表情（严肃、放松还是坚定？他们是否提到未完成的任务？他们是否喃喃自语？）来描述他们的情绪 12. 他们如何描述自己的心情和感受？

续表

全球主题/指标概括的典型投入度等级	组织主题/确定投入度方面	基本主题/表明投入度内容	代 码
D. 认知参与	f. 专注于当前任务		13. 通过评估是否出现干扰来描述他们的注意力,他们最初是如何应对干扰的(例如,轻松、不耐烦、积极)?
			14. 通过记录新出现的与工作有关的明显的身体姿势指标(脸部:面向电脑、电视墙或同事,低头。躯干:前倾或后仰,靠在椅子或桌子上,睡觉和离开座位或监控室)来描述他们的注意力
	g. 扭曲的时间感		15. 他们如何描述时间?(例如,快、慢、长、足够、不足?)
	h. 认知警觉性		16. 通过计算他们查看电脑上的 CCTV 或提及电视墙上信息的平均时间来评估他们的认知警惕性
	i. 脱离		17. 他们怎么说自己对这份职业的态度?是想离职还是继续工作?
			18. 他们有多少次将自己的任务分派给他人处理非工作事务?

编码流程:

(1)选择和标记相关片段:三位研究人员根据每个投入度等级的特征,从观察记录和访谈资料中提取相关片段。

(2)应用框架编码:应用事先定义的框架对每个片段进行编码,确保对不同维度的投入度特征进行细致分析。

(3)分析编码结果:对每个编码的片段进行深入分析,探讨不同投入度等级的行为表现及其潜在意义。

通过这种方法,研究人员能够更全面、系统地了解监控员在不同投入度水平下的工作体验,并为优化工作流程和提高监控员的参与感提供数据支持。

为了确保编码的准确性和一致性,本研究采取了多项措施减少错误编码的发生。首先,只有强烈暗示投入度变化的行为和表达才被纳入编码范围,模糊的信息则被排除在外。另外,为解决研究人员之间可能存在的解释差异,本研究还采用了三角测量法（Golafshani，2015），即三位研究人员轮流对同一份记录进行编码，并在比较编码结果后讨论达成一致。这一过程确保了编码的一致性和准确性。最终，分析中所使用的五个投入度等级（0~4级）对应的片段数量分别为：0级56个片段，1级44个片段，2级52个片段，3级75个片段，4级27个片段。通过这种严格的编码过程和验证机制，本研究能够准确地捕捉到监控员在不同投入度等级下的行为和表达，进而为分析投入度变化的原因和机制提供了坚实的数据支持。

5.2.4 评估

七位主题专家评估了每个典型投入度等级的体验和行为，以审核其在多大程度上代表了每个投入度级别。这些专家包括四名管理人员和三名监控软件设计者，每人都有至少三年与监控员投入度相关的工作经验。这些管理人员负责管理高速公路监控室的监控员，该监控室也是本次研究的对象。他们一直对如何提高监控员的投入度非常感兴趣。三位监控软件设计师致力于设计能够提高监控员投入度的软件功能。他们通常会到高速公路监控室与监控员进行讨论。本研究采用了方便抽样法（Etikan，2016），所有专家均为志愿者，且调查人员已经认识他们。评估结果显示，专家们一致认为这一结果可以描述监控员在不同投入度下的普适性体验和行为。此外，他们还强调，根据他们的经验，监控员的投入度普遍较低，大多数人都是机械地、被动地工作，很难在工作中找到意义。

5.3 分析结果

表 5.5 列出了五个典型投入度层面的编码结果。第一列展示了本次主题分析的结构，包括编码缩写、基本主题、组织主题和总体主题；在第二行的第2列至第6列中，详细列出了每个主题层级的内容。在层次结构1（H1）中，每个典型投入度等级的投入度相关行为和表达的具体特征通过子编码类别呈现出来。这些特定特征所传达的含义在层次2（H2）中呈现，这些含义进一步表明了层次3（H3）中的基本主题，即与投入度相关的核心要素。层次结构4（H4，即组织主题）则展示了这些投入度要素如何向四个投入维度传达意义。最终，每个等级的整体投入描述在层次结构5（H5，即总体主题）中得到了呈现。通过这种层次化结构的分析，本研究能够系统地归纳出不同投入度等级下的关键行为、感受及其潜在的心理动因，进而为深入理解监控员投入度提供了详细的理论框架。

代码缩写 (1~18)/
基本主题 (a~i)/
组织主题 (A~D)/
全球主题

层次 1(H1): 每个典型投入度等级投入度相关行为和表达的具体特征行为案例(B),表达案例(E)以及这些案例的编码数量,包括示例
层次 2(H2): 这些案例(E)或行为特征所传达的含义
层次 3(H3): H2 向投入度要素传达的含义
层次 4(H4): 投入度要素对投入度方面的意义
层次 5(H5): 所有投入度要素对五个投入度层次所描述传达的含义

表 5.5 五个投入度等级的编码结果

	0 级	第 1 级	第 2 级	第 3 级	第 4 级
1. Activity（代码缩写）	(H1)手部活动和口语交流与目前要求的任务(B)(50)完全无关	(H1)手部活动和口语交流偶尔与当前要求的任务有关,但口语交流与当前要求的任务完全无关(14);手部活动有时与当前要求的任务完全无关,但口语交流有时与当前要求的任务完全无关(B)(13);手部活动和口语交流与目前要求的任务完全无关(B)(4)	(H1)手部活动和口语交流与当前要求的任务有时完全无关(24);不说话,手部活动与当前要求完全相关(B)(4);口语交流与当前要求的任务完全无关,手部活动与当前要求完全相关(B)(18);口语交流与当前要求的任务完全无关,手部活动与当前要求的任务完全相关(B)(6)	(H1)手部活动与当前要求的任务完全相关,口语交流与当前要求的任务完全无关(39);口语交流与当前要求的任务完全相关,手部活动与当前要求的任务不完全相关(B)(8);口语交流与当前要求的任务完全相关,手部活动与当前要求的任务不完全相关(B)(19);不说话,手部活动与当前要求的任务完全相关(B)(9)	(H1)手部活动与当前要求的任务完全相关,口语交流与当前要求的任务完全相关(B)(27)
	(H2)未激活	(H2)稍微活跃	(H2)适度活跃	(H2)激活	(H2)高度活跃

续表

代码缩写(1~18)/基本主题(a~i)/组织主题(A~D)/全球主题	0级	第1级	第2级	第3级	第4级
2. 能源(代码缩写)	(H1)他说工作很无聊,有时很累(例如,参与者I说:我发现在想睡觉)(E)(5)	(H1)他们尽量投入度其中(例如,参与者J说:当我有空时,我会尝试检查路况,但不是一直这样)(E)(3)	(H1)他们认为自己可以完成任务(例如,参与者M说:我可以在下班前完成CCTV的工作)(E)(2)	(H1)他说工作有点忙(例如,参与者H说:这不是很紧急)(E)(2)	(H1)他们说工作很累(例如,参与者B说:我感到筋疲力尽)(E)(25)
	(H2)没有可用的能量	(H2)低能耗	(H2)足够的能量	(H2)能量下降	(H2)能量不足
a. 对任务的精力唤醒(基本主题)	(H3)监控员几乎没有因任务而唤起精力,他们的活力和精力都不充沛	(H3)监控员对任务的精力唤醒程度低,他们的活力和精力不足	(H3)监控员的活动量适中,和活力他们的精力对刺激做出适中的反应	(H3)监控员的活动量大,但体力和精力不足,他们会因任务而保持高等级的精力唤醒	(H3)监控员非常活跃,试图通过任务保持高等级的精力唤醒
3. 独立工作(代码缩写)	(H1)他们不要求别人帮助他们完成任务,而且他们不工作,他们几乎不工作(B)(56)	(H1)他们不要求别人帮助他们完成任务,他们几乎不工作(B)(44)	(H1)他们不要求别人帮助他们完成任务(B)(52)	(H1)他没有要求别人帮助他完成任何任务(B)(75)	(H1)他们请别人帮助他们完成任务(B)(9);他们没有请别人帮助他们完成任务(B)(18)
	(H2)不执行任何任务	(H2)工作很少	(H2)独立完成任务	(H2)独立完成任务	(H2)在同事的帮助下完成任务

续表

代码缩写(1~18)/基本主题(a~i)/组织主题(A~D)/全球主题	0级	第1级	第2级	第3级	第4级
4.技术造成的障碍（代码缩写）	(H1)系统内信息传递效率很低(例如,参与者K说:我需要立即告诉他们这些信息,他们可能已经知道了)(E)(1)	(H1)通常获得的路况信息不完整(例如,使用CCTV检测事件的可靠性很低)(E)(25);系统内传递信息的效率很低(例如,参与者J说:不同机构间的信息传递容易出现内容修改和错误)(E)(1)	(H1)通常情况下,获得的路况信息不完整,并不完整(例如,参与者G说:我不能一直盯着电视墙)(E)(2);复杂的文本编辑规则会降低效率导致错误(例如,参与者I说:我不知道如何应用该编辑规则)(E)(1)	(H1)通常会得到不完整的道路信息(例如,但道路巡逻工程已经完工,参与者J告诉我)(E)(13);复杂的文本编辑规则导致错误并降低效率(例如,参与者F说:我担心我在撰写报告时出错)(E)(10);参与者H说:设备出错(例如,我无法更改情报板上的文字,它不起作用)(E)(2);系统内传递信息的效率很低(例如,参与者G说:信息总是延迟)(E)(2)	(H1)工作太多(例如,参与者K说:太忙了,我都出汗了)(E)(27);复杂的文本导致错并编辑规则降低了效率(例如,我现在一整天都在修改文件,参与者G说)(E)(11);通常获得的路况信息不完整(例如,与会者I说:本研究不知道现场发生了什么,与会者F说(E)(2);设备不可靠(例如CCTV不能正常工作)(E)(2);系统内传输信息的效率很低(例如,参与者F说:本研究使用官方通过文字或图片传递的信息是延迟)(E)(1)
	(H2)信息共享不透明	(H2)有价值的信息有限,信息共享不透明	(H2)有价值的信息有限,信息共享不透明	(H2)有价值的信息有限,信息共享不透明,信息共享效率不可靠	(H2)工作量过大,有价值的信息共享不透明,设备不可靠,信息共享效率低

第 5 章 监控员投入度动态变化特点和界面设计策略

续表

代码缩写(1~18)/基本主题(a~i)/组织主题(A~D)/全球主题	0 级	第 1 级	第 2 级	第 3 级	第 4 级
5. 完成任务的能力(代码缩写)	(H1)他们认为不需要完成任何任务,参与者 I 说:什么都不会发生)(E)(3) (H2)逃避完成任务 (H3)缺乏毅力,认为困难很少 (H4)缺乏心理复原力	(H1)他无法实时监控路况(例如,参与者 M 说:无法通过 CCTV 全天监控路况)(E)(8) (H2)能力不足 (H3)持续性不足,无法有效率和有成效地监控路况 (H4)心理复原力不足	(H1)他们认为自己有能力完成当前的任务(例如,参与者 O 说:基本上,我可以自己完成这些任务)(E)(6) (H2)足够的能力 (H3)有足够的毅力完成当前任务 (H4)心理复原力足够	(H1)他们希望自己能够完成任务(例如,参与者 R 说:一般来说,我认为我能够完成任务)(E)(5) (H2)能力基本够用 (H3)完成当前任务的持久性一般 (H4)心理复原力略显不足	(H1)他们向同事寻求帮助(B)(2);他们在完成任务时遇到困难(例如,参与者 G 说:我没有力气继续审阅这些报告,我头疼)(E)(21) (H2)能力不足 (H3)难以坚持完成当前任务 (H4)心理复原力不足
6. 目标任务的重要性描述所定义的任务(代码缩写)	(H1)驾驶员应持续监控路况,但他们并没有这样做(B)(56) (H2)监控任务很少导致处罚,而这些任务没有助于跟踪路况	(H1)监测任务(B)(35);即时任务(B)(4) (H2)监控员希望实时传输路况信息,而在执行任务时出现的缺陷很少会招致处罚	(H1)日常任务(B)(20);即时任务(B)(18);修订报告(B)(1) (H2)监控员希望组织、掌握和传输路况信息,某些任务有时会导致处罚	(H1)即时任务(B)(26);日常任务(B)(65);监测任务(B)(7);修订报告(B)(4) (H2)监控员要组织、掌握和传输实时路况完成信息,大多数任务完成不好导致处罚	(H1)即时任务(B)(21);修订报告(B)(7);监测任务(B)(2);例行任务(B)(2) (H2)监控员要组织、掌握和传输信息,大多数任务完成不好导致处罚

81

续表

代码缩写(1~18)/基本主题(a~i)/组织主题(A~D)/全球主题	0级	第1级	第2级	第3级	第4级
7. 任务对道路安全的重要意义(代码缩写)	(H1)缺乏道路安全意识(例如，参与者N说：基本上不会发生什么事，不用太担心)(E)(9)	(H1)监测风险并在需要时尽快应对(例如，参与者B说：我通常会检查一些风险的部分)(E)(15); 这项工作对道路安全的影响不大(例如，参与者J说：我认为我工作意义不大，本研究不能有效地引导车流)(E)(19)	(H1)监测风险并在需要时尽快应对(例如，参与者D说：如果我离开座位，没有人监控路况)(E)(4); 这项工作对道路安全的影响较小(例如，参与者J说：有这么多部门短信发送到其他部门，我想他们不会阅读)(E)(4)	(H1)监测风险并尽快应对(例如，参与者F说：如果人在这里势头变大，我会立即通知消防部门)(E)(12); 这项工作对道路安全的影响较小(例如，参与者M说：我认为我对驾驶员和乘客的安全宣传板)(E)(8); 保护驾驶员和乘客的安全(例如，参与者B说：我对驾驶员或乘客的死亡感到难过)(E)(2)	(H1)这项工作对道路安全影响较小(例如，参与者I说：我不认为我的忙碌有价值，它只是许多重复的文本编辑工作)(E)(14); 监测风险并在需要时尽快应对(例如，参与者H说：我终于知道堵车的原因了)(E)(12); 保护司机和乘客的安全(例如，参与者C说：发生的死亡事件，我真的很难过)(E)(4)
	(H2)他们没有意识到自己工作的重要性	(H2)无法加强安全	(H2)无法加强安全	(H2)无法加强安全	(H2)无法加强安全
c. 意义(基本主题)	(H3)监控员缺乏对其工作重要性的认识	(H3)监控员希望保护道路安全，但很难实现这一目标	(H3)监控员希望保护道路安全，但很难实现这一目标	(H3)监控员希望保护道路安全，但很难实现这一目标	(H3)监控员希望保护道路安全，但很难实现这一目标

续表

代码缩写(1~18)/基本主题(a~i)/组织主题(A~D)/全球主题	0 级	第 1 级	第 2 级	第 3 级	第 4 级
8. 存在监督影响（代码缩写）	(H1)领导者的出现使他们停止了非工作活动（例如，参与者 M 原本在睡觉，他醒了，到领导者到达时，他坐了起来)(B)(2) (H2)主管的存在积极性会提高工作积极性	(H1)领导者的出现使他们停止了非工作活动（例如，参与者 U 看到他出现，就开始查看新信息)(B)(2) (H2)主管的存在积极会提高工作积极性	(H1)领导者的出现使他们停止了非工作活动（例如，领导者一出现，参与者 G 就放下手机开始工作)(B)(3) (H2)主管的存在积极会提高工作积极性	(H1)领导者的出现会阻止他们的非工作活动（例如，参与者 N 一看到领导者到达后立即开始检查 CCTV)(B)(2) (H2)主管的存在会提高工作监督影响	(H1)无实例
9. 除了加强道路安全外，是什么影响了他们执行当前任务的积极性？（代码缩写）	(H1)不可能有惩罚，因为他们的活动难以评估（例如，参与者 K 说：这是官方通过信息系统上的信件)(E)(1). (H2)几乎不怕惩罚	(H1)避免处罚（例如，参与者 J 说：无论如何，我这一班是完不成任务了就会推给下一把责任)(E)(10) (H2)害怕受到惩罚	(H1)职责和服从指令（例如，参与者 B 说：我应该完成这些任务)(E)(7);避免处罚（例如，参与者 J 说：我在写报告时小心谨慎，不犯错误)(E)(10) (H2)对惩罚的恐惧和责任感	(H1)避免处罚（例如，参与者 I 说：认真编辑这份报告，避免出错)(E)(1);奖励（例如，参与者 D 说：不要和我说话，我需要完成这项任务)(E)(1) (H2)对惩罚的恐惧，责任感和内在动力	(H1)避免处罚（例如，不填表我怎么证明这些工作都是我做的?)(E)(39);提高能力（例如，我可以通过积累经验)(E)(3);奖励（例如，我做得好不会得到奖励，我做错了会受到惩罚)(E)(2) (H2)对惩罚的恐惧，责任和内在动力

高速公路监控员工作投入度分析及其提升策略

续表

代码缩写(1~18)/基本主题(a~i)/组织主题(A~D)/全球主题	0 级	第 1 级	第 2 级	第 3 级	第 4 级
10. 根据监控员对工作非事项的态度，评估他们完成任务的动力 (代码缩写) d. 成功动机 (基本主题) B. 价值 (组织主题)	(H1)他们有意并积极地投入工作非事务(B)(50) (H2)完成任务的动力不足 (H3)他们不想工作，但又不想被发现不工作 (H4)监控员几乎没有意识到工作的重要性，因为他们不会立即受到惩罚	(H1)他们有意并积极地投入工作非事务(B)(44) (H2)完成任务的动力不足 (H3)他们不努力，但又不想被发现工作表现不好 (H4)驾驶员不认为道路安全对他们有重大影响，他们的动机包括避免处罚	(H1)他们在工作时不断投入非工作事务(B)(47)；他们不投入非工作事务(B)(5) (H2)完成任务的动力适中 (H3)他们努力履行工作职责，不犯错误 (H4)驾驶员不认为道路安全产生重大影响，他们的动机包括避免处罚	(H1)他们短暂投入非工作事务(B)(13)；他们不投入非工作事务(B)(62) (H2)完成任务的动力积极性高 (H3)他们努力工作；他们希望避免受到惩罚奖励，并努力履行工作职责	(H1)他们从不投入工作非事务的积极性的卷入(B)(27) (H2)完成任务的动力积极性高 (H3)他们希望能够避免惩罚奖励，并努力履行工作职责 (H4)驾驶员不相信奖励，也不相信道路安全对自己产生重大影响，他们的动机包括避免惩罚
11. 语调、面部表情和口语交流 (代码缩写)	(H1)声调(如果他们说话)和面部表情非常放松；口语交流与工作无关(B/E)(50) (H2)放松	(H1)声调(如果他们说话)和面部表情放松、平静，悠闲；口语交流偶尔与工作有关(B/E)(44) (H2)轻松，但有点忐忑不安	(H1)声调(如果他们说话)和面部表情平和；口语交流轻松平和，通常是特别是与工作有关的(B/E)(49) (H2)冷静	(H1)语气(如果他们说话)有点疲惫，极神坚定，有点紧张；口语交流通常与工作有关，尤其是未完成的工作(B/E)(80) (H2)有点压力，认真	(H1)声调(如果他忐忑不定，警惕，面部表情坚定，口时紧张；口语交流特别是与工作有关，通常是未完成的工作喃自语(B/E)(80) (H2)压力很大，很认真

84

续表

代码缩写(1~18)/基本主题(a~i)/组织主题(A~D)/全球主题	0 级	第 1 级	第 2 级	第 3 级	第 4 级
12. 他们的情绪和感受（代码缩写）	(H1)快乐、悠闲和轻松，参与者 I 说：没有工作需要当然感到快乐)(E)(13);空闲和无聊（例如，参与者 J 说：太好了！1 点了。因为时间似乎过得很快)(E)(3). (H2)快乐，但也感到无所事事，无聊 (H3/H4)放松，悠闲	(H1)轻松，但有点无所事事（例如，最近天气变得怪异，所以需要留意路况，我通常会有点忘记，感到无所事事，希望我的工作能更有趣一些)(E)(3) (H2)轻松，虽然有点忐忑不安，但也感到无所事事和无聊 (H3/H4)放松、平静，无聊和有点忐忑不安	(H1)平静，但积极(例如，参与者 B 说：我在工作时从来没有感觉到快乐)(E)(7). (H2)平静，但不是积极 (H3/H4)放松、平静，悠闲，有点忐忑不安和消极	(H1)有点紧张和忐忑不安 (E)(9) (H2)有点紧张和忐忑不安 (H3/H4)冷静，认真，有点紧张和忐忑不安	(H1)忐忑不安和焦虑（例如，参与者 S 说：压力和紧张会发生什么)(E)(4);担心会犯错误（例如，参与者 O 说：我害怕犯错误)(E)(11);精疲力竭（例如，参与者 N 说：我觉得我在打仗)(E)(9) (H2)忐忑不安，焦虑，紧张、神经质和精疲力竭 (H3/H4)工作非常认真，压力很大，可能精疲力竭，紧张，忐忑不安，焦虑
13. 通过评估他们对干扰的初步反应来描述他们的注意力（代码缩写）	(H1)轻松积极地应对干扰(例如，参与者 F 轻松积极地应对干扰)(B)(50) (H2)浓度低	(H1)轻松，积极地应对干扰(B)(41) (H2)浓度低	(H1)轻松，积极地应对干扰(B)(46) (H2)浓度低	(H1)不耐烦地应对干扰(B)(53)；一开始忽略干扰(B)(2) (H2)浓度高	(H1)最初忽略中断(B)(19) (H2)浓度非常高

续表

代码缩写(1~18)/基本主题(a~i)/组织主题(A~D)/全球主题	0级	第1级	第2级	第3级	第4级
14. 通过评估他们可见的身体姿势来描述他们的注意力（代码缩写）	(H1)脸部：面对电脑,躺下或面对同事；躯干：低头,靠在某子上或离开监控室(B)(62)	(H1)脸部：面对电视电脑或面对同事,低头或躺下,躯干：坐直,靠在某子上或离开座位(B)(44)	(H1)脸部：面向电脑或面向同事,躯干：通常坐直或面向同事(B)(75);躯干：后倾(B)(1)	(H1)脸部：面对电视墙或同事,通常坐直或前倾(B)(75);躯干：后倾(B)(1)	(H1)脸部：面向电脑、电视墙或同事；身体前倾(B)(23)
e.（代码缩写）	(H2)缺乏浓度	(H2)浓度低	(H2)浓度可用	(H2)浓度高	(H2)浓度非常高
f. 专注于当前任务（基本主题）	(H3)几乎不专注于当前任务	(H3)专注于当前任务的程度低	(H3)对当前任务的专注程度适中	(H3)高度集中于当前任务	(H3)非常专注于当前任务
15. 时间（代码缩写）	(H1)工作时间过得很慢（例如,参与者M说：真烦人,还有三个小时才下班)(E)(3).	(H1)工作时间过得很慢（例如,参与者F说：时间过得很慢)(E)(5).	(H1)工作不快也不慢（例如,参与者K说,我与者D不慢,我有其他事情要做)(E)(3).	(H1)工作时间过得很快(E)(1)（例如,时间略显不足,我需抓紧时间处理这件事)(E)(1)	(H1)工作时间过得很快（例如,我一忙起来,就觉得马上要下班了)(11);时间不够用（例如,参与者K说：别打扰我,时间很紧)(E)(3)
g. 扭曲的时间感（基本主题）	(H2)工作时间过得很慢	(H2)工作时间过得很慢	(H2)工作并不慢	(H2)工作时间过得很快,甚至略显不足	(H2)工作时间过得很快,而且不够用
	(H3)明确的时间概念	(H3)明确的时间概念	(H3)明确的时间概念	(H3)觉得时间过得很快	(H3)容易忘记时间

续表

代码缩写(1~18)/基本主题(a~i)/组织主题(A~D)/全球主题	0 级	第 1 级	第 2 级	第 3 级	第 4 级
16. CCTV或电视墙的检查次数（代码缩写）	(H1)56个视频片段中的投入次0次(B/E)(0) (H2)在此投入度级别的视频片段中，没有一个显示监控员在看电视屏幕	(H1)44个视频片段中的14次(B/E)(14) (H2)在这一投入度级别的视频片段中，显示约有三分之一监控员正在检查CCTV或电视墙	(H1)在52个视频片段中出现18次(B/E)(18) (H2)在这一投入度级别的视频片段中，显示约有三分之一以上监控员正在检查CCTV或电视墙	(H1)75个视频片段中的30次(B/E)(30) (H2)在这一投入度级别的视频片段中，显示有三分之一以上监控员正在检查CCTV或电视墙	(H1)在27个视频片段中出现16次(B/E)(16) (H2)在这一投入度级别的视频片段中，显示有一半以上监控员正在检查CCTV或电视墙
h. 认知警觉性（基本主题）	(H3)认知警觉缺失	(H3)存在认知警觉	(H3)存在认知警觉	(H3)存在认知警觉	(H3)存在高度认知警觉
17. 离职还是继续工作？（代码缩写）	(H1)希望减少工作量(E)(1); 希望投入非工作事务(E)(1) (H2)想要离开	(H1)想减少工作量(E)(2); 想尽快结束一天的工作(E)(2) (H2)想要离开	(H1)想减少工作量(E)(5); 想尽快结束一天的工作(E)(4) (H2)想要离开	(H1)想减少工作量(E)(3); 想尽快结束一天的工作(E)(2) (H2)无实例	(H1)想减少工作量(E)(5), 想尽快结束一天的工作(E)(6) (H2)无实例
18. 将自己给他人任务外包的不良工作行为（代码缩写）	(H1)19次(B)(9) (H2)想要离开	(H2)想要离开 (H3)没有证据表明任务被外包	(H2)想要离开 (H3)没有证据表明任务被外包	(H2)无实例 (H3)没有证据表明任务被外包	(H2)无实例 (H3)没有证据表明任务被外包
i. 脱离（基本主题）	(H3)他们希望从工作中抽身	(H3)他们希望从工作中抽身	(H3)他们希望从工作中抽身	(H3)他希望从工作中抽身	(H3)他们被迫保持高度的认知参与
D. 认知型投入度（组织主题）	(H4)他们几乎没有认知参与	(H4)他们勉强参与 认知	(H4)他们勉强保持认知参与	(H4)他们被迫保持高度的认知参与	(H5)他们被迫保持极高的认知参与
每个典型投入度级别的简要说明（全球主题）	(H5)监控员完全不集中精力，逃避工作	(H5)监控员精神稍集中，随时准备工作	(H5)他勉强保持注意力适度集中，正在悠闲地工作	(H5)监控员精力高度集中，比较守时，有序而独立	(H5)他们被迫保持极高的认知参与 (H5)监控员非常专注，全心投入，守时

87

5.4 动态管理监控员投入度的界面设计建议

本研究确定了监控员的五个典型且递增的投入度级别及其相应的体验（见表 5.5），并详细描述了这些典型投入度的组成部分及其含义，揭示了监控员在不同投入度等级上的预期与意外体验。与其他调查方法（如决策支持系统问卷 DSSQ）不同，本研究采用了自下而上的数据驱动定性分析，能够深入了解监控员在每个典型投入度等级上的实际行为和体验，而不仅仅是他们的预期。通过这种方法，本研究能够更真实地反映监控员在不同投入度条件下的心理状态和行为模式。

投入度的 0 级（全局主题，0 级，见表 5.5 中的 H5）与 Kahn（1990 年）在学术文献中所描述的"脱离"现象相似，例如表现为消极的工作态度、将自己与角色脱钩并倾向于将任务转交给他人。随着投入度逐渐提高，其他级别的监控员也表现出逐步上升的投入度。值得注意的是，第 3 级和第 4 级（全局主题，第 3 级和第 4 级，见表 5.5 中的 H5）这两个最高投入度级别，仅部分符合当前对"最高投入度"——流动（Csikszentmihalyi，2002）——的定义，这两个级别的监控员可能体验到高度集中、警觉和专注（基本主题 f，第 3 级和第 4 级，见表 5.5 中的 H3），但实际上他们的情绪状态并非典型的流动体验，而更多表现为消极情绪（基本主题 e/组织主题 C，第 3 级和第 4 级，见表 5.5 中的 H3/H4），这些情绪与职业倦怠的体验（如精疲力竭和愤世嫉俗）相似（Bakker、Demerouti 和 Sanz-Vergel，2014）。例如，参与者 E 提到："我只在业余爱好中体验过类似投入度的感觉，但在工作中从未体验过。我只想完成工作，不犯错误，我害怕犯错误。我在工作中感觉不到乐趣。我无法想象有人会喜欢让他们害怕的东西。我的工作是按照单调而严密的工作程序进行的，我所能做的就是认命地接受，甚至连我自己都感觉不好。"这一发现通过实地研究反映了监控员投入度的真实状态，揭示了其与高投入度定义之间的差距。

本研究进一步对监控员为何会出现这些体验进行了推理，并提出了相应的干预措施。通过分析三个主要的投入度影响因素——心理意义、心理安全和心理可用性（Kahn，1990），本研究解释了这些现象的发生机制。下文将详细阐述这三个因素如何影响监控员的投入度（见图 5.4），并根据实证证据，针对每个影响因素提出相应的监控界面设计干预措施，以帮助改善监控员的投入度和工作体验。

图 5.4 显示了每个投入度如何受到三个因素的影响（May、Gilson 和 Harter，2004 年），其中方块颜色的强度表示每个因素的影响程度。

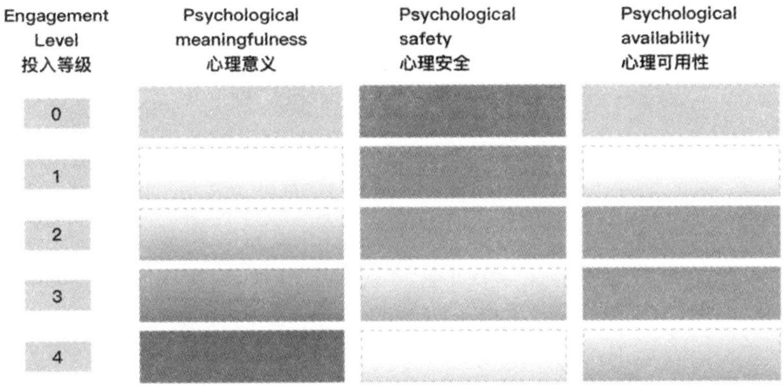

图 5.4　投入度受到三个因素的影响

在心理意义的第二列中，可以看到监控员的心理意义是缺失的，因为他们没有意识到自己工作的意义（表 5.5 中代码 7，等级 0、H1 和 2）。随着投入度的提高，监控员会感到越来越有动力。然而，与发电厂监控室的监控员所报告的对工作高度认同的激励体验不同（Schaeffer 和 Lindell，2016），在目前的研究中，监控员的动机很大程度上属于外在动机，而非内在动机（Ryan 和 Deci，2000）。监控员认真仔细地工作，以避免因错误操作而受到任何惩罚（表 5.5 中代码 7 级别 0 至 4、H1 和 2）。由于外在动机的存在，他们觉得自己是一种工具，而不是享受工作本身（Ryan 和 Deci，2000）。例如，本研究观察到，参与者 H 紧张地逐字逐句检查情报板上的信息记录，尽管他知道这项工作既不会影响交通安全，也不会给自己带来好处。然而，由于担心自己的表现可能出错而受到惩罚，他（她）一直在强迫自己检查。此时，她（他）的等级被确定为 4 级。同样，在访谈和观察中，监控员提到最多的话题是如何在不出错的情况下完成任务，而不是为了确保道路安全或实现个人发展而完成任务。没有监控员对这项工作表现出强烈的认同感，他们通常抱怨自己的任务毫无意义。例如，参与者 F 指出："本研究很难有效地检测和控制高速公路的实时状况。本研究就像一个记录仪或信息转换平台，接受别人的信息，进行编辑并发送出去，但这些工作并不能直接帮助本研究提高高速公路的安全性。正因为本研究工作的这些局限性，本研究的付出很难得到别人的认可，有些同事甚至领导认为本研究是多余的。"此外，与其他类似监控室的监控员一样（如 Schaeffer 和 Lindell，2016），本次研究中的高速公路监控员通常抱怨自己的工作得不到他人的认可和尊重。例如，参与者 H 说："每个人都认为我的工作毫无意义且轻松。事实上，我每天要做很多事情，压力非常大。"

根据自我决定理论（SDT），内在动机与员工福祉的许多积极方面密切相关，包括更高的工作乐趣、工作投入度，较低的疲劳、倦怠和焦虑水平，以及更高的自发满意度（Miller、Deci 和 Ryan，1988）。然而，员工并不是总能够内在激发工作动机，消除工作中的所有压力因素显然是不现实的（Alatalo 等，2018）。因此，关键在于通过内化和整合，帮助监控员将外在动机转化为内在动机，从而提高他们的坚持力度、行为质量和福祉（Ryan 和 Deci，2000）。界面设计应重点转向促进这种动机转化，具体包括通过可视化设计展示监控员工作对交通流量安全的影响，帮助他们意识到工作的意义，而不仅仅是完成管理者的要求或遵守规定。同时，设计个性化的即时反馈与奖励机制，鼓励监控员进行安全判断和信息分享，如通过积分、徽章等方式增强社会认同感。此外，界面应支持实时信息共享与团队协作，促进监控员之间的互动与支持，增强其团队归属感。最后，设计任务优先级和决策支持系统，确保监控员能够有效管理任务负荷，保持高度专注和自主性。这些设计策略能够帮助监控员从被动的服从转向积极的承诺，并获得来自团队和社会的认可，进而增强他们的工作投入度和福祉（Christina、Garza 和 Slaughter，2011；May、Gilson 和 Harter，2004；Rochlin，1999；Smith、Blandford 和 Back，2009）。

此外，在心理安全的第三栏中，在 0 级和 1 级，监控员有足够的心理安全感，因为他们认为目前所面临的任务很少有可能导致惩罚（代码 6、0 级和 1 级，表 5.5 中的 H1 和 2）。然而，到了第 2 和第 3 层次，尤其是第 4 层次，他们的心理安全感开始严重下降，因为他们在这些时刻很容易犯错误，然后很容易导致惩罚（代码 5 和 6，第 2 至第 4 层次，表 5.5 中的 H1 和 2）。心理安全与工作投入度密切相关，它是一种能够展示和运用自我而不必担心负面后果的感觉（Kahn，1990）。然而，由于安全关键型系统的动态本质，很难让监控员相信他们的所有表现都是可预测的、明确的、无威胁的，或者不会导致灾难，尤其是在应急响应期间。正如参与者 E 所说："我总是担心犯错误，尤其是在应急响应时。"这导致监控员很容易感到焦虑，通常想尽快从工作中解脱出来。然而，这与"投入"的描述相反，即一个人很难从工作中抽身出来（Schaufeli 等，2002）。例如，据观察，参与者 B 在连续忙碌之后说："终于结束了。我再也受不了了！"

为了应对心理安全问题，可以通过设计优化监控室的管理方式，因为管理对工作投入度有显著影响（Yuan、Li 和 Tetrick，2015）。这一观点与 Kahn（1990）以及 May、Gilson 和 Harter（2004）的研究相一致，他们指出，明确、有弹性、值得信赖和支持性的管理能够增强心理安全感。因此，界面设计应帮助管理者建立明确的管理规则，并确保监控员能够轻松理解和遵守这些规则。例如，界面可以显示清晰的工作指南，提醒监控员在日常工作中保持警觉，避免长时间处于低投入状态,并确保在遇到事故时能够迅速进入高度投入的状态。除了明确的管理规则外,设计应鼓励通过奖励而非惩罚来激励监控员。可以设计一个动态的表现排名系统,展示最优秀的监控员并给予奖励,此外,系统应允许监控员偶尔犯错,并将错误限定在不影响安全的范围内,这样他们可以专注于提高效率而不是担心因小错误而受到惩罚(Smith、Blandford 和 Back,2009)。这种通过设计增强心理安全的策略,有助于提升监控员的工作投入度并促进更健康的工作环境。

在心理可用性的第四栏中,在 0 级,监控员的"工作资源"缺失,因为他们经常从监控室消失,将工作推卸给其他人(代码 18、0 级,表 5.5 中的 H1)。在第 4 级,"工作资源"不足,监控员经常向他人寻求帮助(代码 5,第 4 级,表 5.5 中的 H1),他们体会到职业倦怠感(代码 11 和 12,第 4 级,表 5.5 中的 H1 和 2)。在其他级别中,监控员的"工作资源"基本上是充足的,因为他们经常提到自己有控制感,能够独立作出决定。"工作资源"可以防止消极态度的形成,并在"工作要求"与"职业倦怠"之间的关系中起到缓冲作用(Bakker、Demerouti 和 Sanz-Vergel,2014)。相反,"工作要求"是"职业倦怠"的重要预测因素,"工作要求"包括角色冲突、工作量、角色模糊性(Alarcon,2011)、角色压力、紧张事件、工作量、工作压力(Lee 和 Ashforth,1996),以及长期暴露在强烈的身体、情感和认知压力下(Demerouti 等,2003)。"工作要求"要求员工付出持续的努力,如体力努力和心理(即认知和情感)努力。因此,"工作要求"与一定的生理和/或心理成本相关联,当员工没有足够的努力来应对"工作要求"时,就有可能产生压力(Bakker 等,2007)。此外,当员工长期承受高要求带来的压力时,其情感资源可能会最终耗尽,从而引发"职业倦怠综合征"(Bakker 等,2007)。这与第 4 层次的情况类似,由于"工作资源"有限,"工作要求"过高,例如,工作量大且过多,时间紧迫,精神压力大,容易出错,工作特点通常不可预测(表 5.5 中代码 4,第 4 层次,H1)。这就导致了抗压能力不足,从而使监控员产生倦怠感,即对工作感到疲惫和愤世嫉俗(Bakker、Demerouti 和 Sanz-Vergel,2014)。例如,观察到参与者 H 在应对过多的工作量时会非常疲倦。事故结束后,她躺在椅子上休息了很久。她经常说:"我的工作有时要求很高,压力很大,我真的受不了长期从事这样的工作。"

可将界面设计重点放在增加"工作资源"和减少"工作要求"上,以保持弹性经验。在增加"工作资源"方面,可以采用:业务培训(Smith,2019),尤其是在职培训,因为监控员可以从实际工作中的错误中学习;与同事合作以实现技能互补(Smith、Blandford 和 Back,2009);工作表现反馈;技能多样性;自主性;以及来自同事和主管的社会支持(Bakker 和 Demerouti,2008)。

在降低"工作要求"方面，可采用深度学习等辅助技术（Formosa 等，2020；Chen 等，2021），而不是通过手动检查 CCTV 来检测高速公路上可能存在的危险，并平均分配每位监控员的工作量，以避免一名监控员长时间承担过高的工作量。值得注意的是，由于每个监控员都受到其有限"工作资源"的限制，高等级的投入度不可能长期持续（Bandura 和 Lyons，2017）。因此，建议在必要时而不是随时提高投入度。此外，在任务负荷较低的情况下进行适当的分心，可以提高监控员的警惕性（Cummings 等，2013）和福祉（Izsó 和 Antaiovits，1997），例如，1 级和 2 级的监控员可以通过执行一些非工作事宜，以在漫长的监视中维持"刺激"和减轻高度自动化监控室中繁琐的工作所带来的压力。但是，监控室中应排除那些极易吸引注意力的干扰因素，如玩电子游戏（Cummings 等，2013），因为这可能会导致过度投入度（Wickens，2005）或"注意力隧道"（Migliorini 等，2022）。

5.4.1 贡献

本研究从"实地"角度了解了监控员的各种投入度程度，有助于分析监控员在监控室中的实际体验，而不是他们被要求或期望的体验。此外，本研究还明确了高速公路监控员每个递增投入度等级的显著特征。这就有可能改进对投入度的心理学解释，以应对安全关键领域中投入度的动态性质，并将其扩展到类似的操作环境中，因为对投入度的解释对于应用工效学文献领域具有重要的理论意义（Yuan、Li 和 Tetrick，2015）。

在安全关键型系统领域，改进系统的既定方法主要是应对安全挑战（Chen 等，2021）、技术（Formosa 等，2020；Chen 等，2021）和可用性（Fallahi 等，2016）。然而，这些视角并不能全面改进操作系统的所有方面，对监控员投入度视角的关注很少，这可能会削弱先进技术和高可用性领域的改进。例如，如果监控员以消极的工作态度使用拥有先进技术和高可用性的系统，系统的预期效果就会大打折扣。此外，这也与积极心理学（Seligman，2002）所倡导的培养积极体验背道而驰。本研究调查了积极的体验品质和工作经验——监控员的投入度，并首次展示了定性方法过程（即从多种数据资源中对典型的投入度等级进行概念化，并生成相应的界面设计干预措施，以提高监控员的投入度）。在数据收集、分析和评估过程中，采用了三角测量（Harwood 和 Garry，2003）的形式进行验证。这为加强安全关键领域的系统安全创造了新的视角，意味着在设计中不仅要考虑工具的工具属性，如效率、可靠性和易用性，还要考虑监控系统设计是否能支持有利于工作的员工体验（Koskinen、Karvonen 和 Tokkonen，2013），因为良好的投入度设计应同时实现实用性和福祉性目标

（Harbich 和 Hassenzahl，2008），如本研究中倡导的投入度。所有这些都有可能促进高安全监控室的积极心理学发展，并有可能促进相关和类似领域的积极心理学发展。

5.4.2 局限性和未来工作

本研究列出了四个明显的局限性，并尽可能采取相应的缓解措施来合理解决这些局限性。首先，由于研究内容涉及高速公路监控室的一些敏感问题，如监控员在工作中的消极表现，这可能会导致监控员不愿意讨论这些问题。因此，除了主观数据（Kawulich，2014）外，本研究还使用了观察的客观数据来减轻这种影响。例如，观察到一名监控员在工作中通常会出现不投入的情况，但他总是坚持说自己在工作中总是非常认真负责，从未发生过疏忽。这可能是由于在数据收集过程中没有强调从属关系和移情的重要性。当人们体验到归属感和共鸣时，他们可能更愿意表达自己的想法（Vreeke 和 Mark，2003），因此可以获得深入的用户反馈和建议。例如，可以用一些能引起监控员共鸣的故事让他们进行评价，以征求他们的意见。

其次，本文所报告的实地工作仅在一个高速公路监控室进行，因此，本文所介绍的监控员经验可能无法代表其他高安全级别监控室的整体工作人员，因此需要进一步研究来完善和验证。此外，这种有限的取样规模可能会导致"天真现实主义"（naive realism）。天真现实主义的核心结果之一是，人们根据自己的个人经验来理解世界，并认为他们所看到的世界就是真实的世界。在这些监控室中观察到的投入度程度普遍较低。虽然这种普遍缺乏投入度的情况为如何优化投入度提供了有益的启示，但这也使得监控员全情投入度的定义难以得到验证。在定义的五个投入度级别中，高投入度级别 3 和 4 仅部分满足了监控员全情投入度的要求。监控员无法描述他们从未见过或体验过的全情投入度体验。因此，在今后的研究中，建议扩大取样范围，以包括其他高安全级别监控室，在这些监控室中，监控员报告了与监控员全情投入度类似的体验，如铁路监控室（Smith、Blandford 和 Back，2009）或发电厂监控室（Schaeffer 和 Lindell，2016）。

第三，尽管本研究提出的这些可能的设计干预措施为提高监控员的投入度提供了潜力，但如何评估其实际影响是一个挑战。因为在此类功能实际存在之前的早期阶段，评估其潜在影响是有益的，因为这有助于以相对较低的成本和努力确定相对优势和障碍在哪里（May、Mitchell 和 Piper，2014）。为了减少这些威胁，所有设计干预措施都是基于相关理论和实地研究的见解而产生的，同时还建议在今后的研究中从以用户为中心的角度对这些干预措施进行测试。

第四，除上述环境相关因素外，许多研究还表明，个体差异也是投入度等级的有力预测因素（Bakker、Tims 和 Derks，2012；Bakker、Demerouti 和 Sanz-Vergel，2014）。在观察过程中，本研究总是发现参与者 K 和参与者 M 通常呈现出 0 级状态，他们经常因为其他非工作事务而忽视自己的工作，并且经常长时间离开监控室，将工作外包给他人。针对这种情况，应特别关注人员选拔，以确定哪些人可以在这种乏味的工作中更好地保持注意力（Cummings 等，2013），建议首先在人员招聘中使用与投入度相关的人格测试，以选择可以更投入地工作的人员，例如核心自我评价（Judge 等，2003）和五因素模型（Goldberg，1990）；其次，监测监控员的工作表现和精神状态，这可以作为选择监控员的真实可靠的依据。

最后，上述设计干预措施能否得到有效应用，与监控员的投入度情况能否得到有效测量和记录有一定关系。因为，如果能有效、客观地确定监控员在实施干预措施前后的状态，就能有效地生成和评估有针对性的干预措施。鉴于工作投入度在安全关键领域的重要性和监测工作的特殊性，本研究期望有一种符合实际情况的有效方法来跟踪和测量监控员的实时工作投入度。

5.5　界面设计结论

本研究采用定性方法，以高速公路监控室为背景，解释了一系列工作投入度现象。研究确定了五种典型的、独立的投入度，并解释了每种投入度的相应理由。此外，研究还揭示了一个现象，即高速公路监控员很少体验到理想工作投入度，这可能会对系统的安全构成威胁。因此，在相关理论和实际证据的基础上，本研究提出了一系列界面设计干预措施，这些干预措施扩大了优化监控员工作表现和福利的潜力，从而实现了提高系统安全和个人积极工作心态的综合效益。

此外，本研究还主张，在安全关键型领域，投入度应被视为一种有限的资源，也就是说，不应始终加强投入度，而应在必要时增加投入度。此外，这并不意味着监控员应该完全脱离，因为在许多高安全级别监控室中，不合时宜的脱离可能会造成致命后果。因此，为了更好地理解投入度的动态本质并给出相应的设计干预措施，实时投入度的概念应被引入到未来安全关键领域的相关研究中，即有效、客观地测量实时投入度。

总体而言，本研究提供了学术见解，可为解释和修改监控员动态投入度提供参考，并为监控员投入度研究提供关键经验，以培养自动和安全关键型系统以及其他相关领域的积极体验。此外，本研究还为积极心理学在类似领域的进一步研究提供了平台和方向。

第 6 章　实时数据分析与监控状态评估

6.1　身体姿态与投入度

鉴于身体姿态的复杂性与多样性给人工情感等级识别带来的挑战（Gunes 和 Piccardi，2009），且需针对性地区分第 5 章中五个投入等级以供设计和干预措施参考，本研究选用了监督学习算法进行姿态图像分析。支持向量机（SVM）是一种监督学习方法（SVM 的工作原理见附录 6）；SVM 建立了一个推理模型来创建不同数据类别之间的边界，旨在通过评估特征来识别目标数据（Liu 等，2010）。目前似乎还没有公开发表的研究来探讨如何将使用 SVM 的姿势图像处理与典型监控员投入度等级的人工评估相结合。

本章旨在介绍一种测量监控员投入度的创新方法，将人工测量的典型投入度状态与 Openpose 和 SVM 生成的基于视觉的身体姿态数据分析相结合，在高速公路监控室的实际安全关键工作环境中实现对监控员进行自动化、实时、客观、有效且侵入性较低的投入度评估。

6.2　实时测量监控员投入度的方法设计

本章提出了一个方法框架，用于建立一个自动、实时、客观且侵入性较低的投入度评估，并在高速公路监控室的实际工作环境中进行了测试与验证。本章使用第 5 章中五个投入等级为测量目标，并借助 Tensorflow 平台中的 OpenCV 和 Openpose 进行姿态估计。然后，将身体姿态估计结果和投入度程度建立样本集，并将样本集随机分为训练集和测试集，以训练和测试 SVM 模型，从而无须任何额外的测量设备即可客观、自动地评估投入度程度。最后，测试结果证明了本研究建立的模型的有效性和准确性。

本研究中的所有数据均来自我国西南某省高速公路监控室的实际环境。所有被观察者都是该高速公路监控室正常工作的普通监控员。其中男性监控员 3 名，女性监控员 7 名，年龄在 25 岁至 50 岁之间，均有三年以上的工作经验。

6.2.1 流　程

1）视频采集

在视频采集中，本研究使用了普通摄像头（即智能手机的后置摄像头）来捕捉监控员的身体姿态。摄像头的分辨率设定为 1920×1080 像素，录制视频的帧频为每秒 30 帧。每 30 帧（即每秒一次）估算一次监控员的身体姿势。如果从正面或背面拍摄，监控员的大部分身体会被工作台或座椅遮挡，因此只能从侧面捕捉身体姿态。本研究选择了两点钟和十点钟的位置作为摄像头的最佳位置，以便从左右、前后和上下三个维度捕捉身体姿态。为了提供更全面的身体姿态数据，每段视频的时间和持续时间都不同，以便尽可能地观察监控员在一天中不同时间段的动态工作状态和相应的身体姿态。十名监控员的视频详情见表 8.1。

理想情况下，所有时段的视频记录中，摄像机与被观察监控员之间的相对位置以及摄像机的拍摄角度都应保持一致，这样所有的身体姿势数据都不会受到摄像机位置的影响，而且这些数据都可以用来训练同一个人工智能模型，从而实现一个统一的模型。然而，在监控室的实际工作环境中，所有视频录像的距离和角度很难保持一致。

在实践中，出于以下考虑，摄像机的位置和方向不可能保持一致和恒定，因为：

（1）监控员通常坐在不同的位置，摄像机的位置也会随之改变。由于监控系统的设备占用空间，因此并不是总能找到放置摄像机的理想位置。

（2）出现意外情况，例如，监控员或同事因工作原因意外需要空间，则可能需要更改选定的摄像头位置。

在录制每位监控员的视频时，摄像机都没有移动过。由于不同监控员的摄像头位置略有不同，评估模型依次使用每个监控员的数据进行训练和测试（而不是将所有监控员的数据汇总在一起）。

2）标记视频

为了给每段视频中的监控员分配相应的投入度，由一名观察者通过观看每段视频，根据第 5 章中五个投入特征对每位监控员的工作投入度进行评估。另外，十名不同专业的研究生也分别对十段视频进行了评分，这十名学生都是企业管理专业的。这些标签记录在 Excel 电子表格中，一些评分示例见附录 7。

3）筛选数据

在初步处理步骤中，删除了一些在实际工作环境中不可避免的无效数据。剔除数据的标准如下：① 被观察的监控员离开了工作位置；② 其他人部分或全部挡住了被观察的监控员。在这些情况下，体态估算是不可行的。除了丢弃无效数据外，还需要根据体态估计和其他分析的需要旋转和调整帧的大小。在本研究的图像初步处理过程中，使用了 OpenCV-python（cv2）库来捕获和处理帧。一些编码示例见附录 8。

4）身体姿态评估

在身体姿态评估步骤中，应用了 Openpose 模型；该模型是卡内基梅隆大学（CMU）基于卷积神经网络（CNN）和快速特征嵌入卷积架构（Caffe）框架开发的开源库。有关这些框架的更多信息，请访问网址"http://caffe.berkeleyvision.org/"。Openpose 模型在多人二维（2-D）姿态检测中表现出卓越的性能和效率（Cao 等，2021）。它已在 Keras、Tensorflow 和 Pytorch 等流行的人工智能算法包中实现。在本研究中，Tensorflow 中的 Openpose 被用于利用二维图像估计身体姿态。图 6.1 所示是使用 Tensorflow 估算结果的一个示例。图 6.1 中的第一张图片显示的是最终估算结果，其中准确地检测到了被观察的监控员的关键点和肢体；第二张图是关键点的热图，显示了图像中每个像素位置上每个关键点的置信度；第三幅和第四幅图像是 x 和 y 分量的矢量图，显示了部件关联的部件亲和场（每个肢体的二维矢量场）。

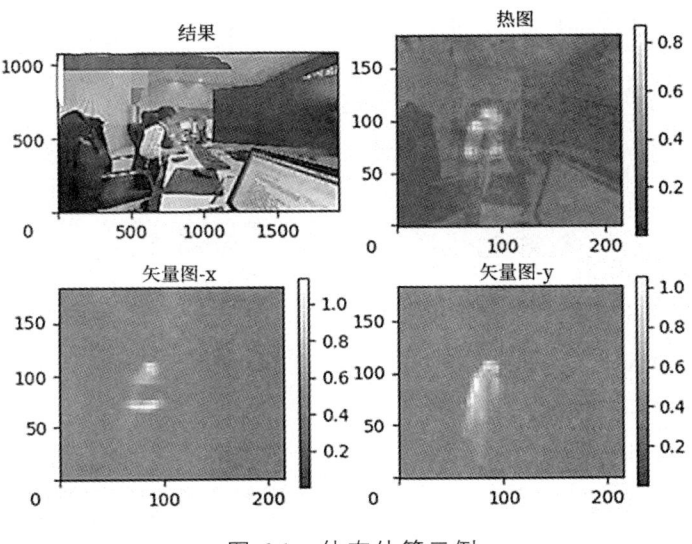

图 6.1　体态估算示例

在由此产生的输出步骤中，尽可能多地保留有效的身体姿态信息，同时剔除无关信息。如图 6.1 所示，体态估计的目的是定位关键的解剖点或关节。然而，某些关键解剖点位置的频繁和随机变化在工作投入度中意义不大。考虑到监控员工作任务和工作习惯的特殊性，确定监控室监控员特定领域的有效解剖点或关节至关重要，这将为工作投入度评估提供必要的身体姿势信息。目前的高速公路控制侧重于通过专门设计的自动化系统监控和引导高速公路交通状况，监控员从屏幕和电话中获取信息，并使用键盘和鼠标等常用输入设备处理信息，这些工作几乎都是监控员通过上半身的动作完成的，而监控员的下半身通常被工作台和座椅遮挡，无法拍摄。因此，如图 6.2 所示，对监控员的鼻子、脖子、肩膀、眼睛和耳朵的定位具有很高的置信度，这是从记录片段 2 的身体姿态估计结果中得出的结论。为确保体态估计的有效性，监控员的鼻子、脖子、肩膀、右眼和右耳的置信度均超过 90%，由于眼睛、鼻子和耳朵的位置会随着头部的移动而变化，因此右眼、鼻子和右耳的位置提供了类似的身体姿势信息。所以，记录所有三个特征（右眼、鼻子和右耳）的位置是多余的，只选择了鼻子的位置。总之，本研究假设鼻子、颈部和右肩被选为估计身体姿势的关键解剖点。

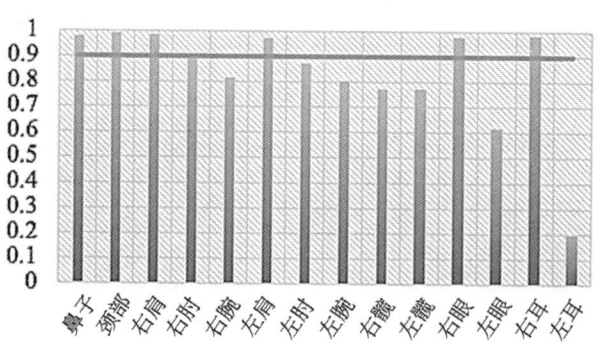

图 6.2　体态估计的置信度

在基于 SVM 的工作投入度评估步骤中，如图 6.3 所示，身体姿态估计的关键点位置是特征数据，工作投入度评级结果是研究的目标数据；将特征数据和目标数据按 3∶1 的比例分成训练数据集和测试数据集；随后训练数据集用于训练 SVM 模型，以学习身体姿势与工作投入度之间的关系。在训练过程中，要对惩罚参数 C 和核函数系数 gamma 等参数进行调整。测试数据集是特

第 6 章　实时数据分析与监控状态评估

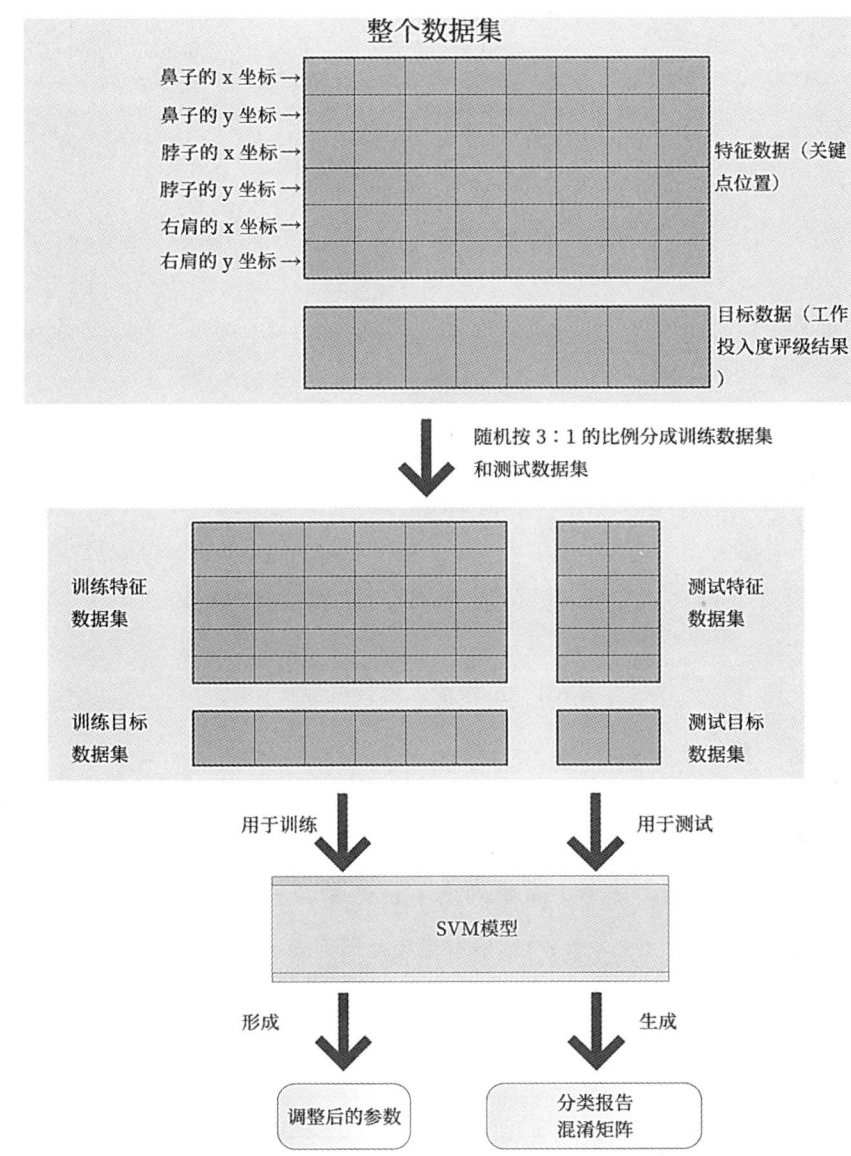

图 6.3　为实现工作投入度评价而对 SVM 模型进行训练和测试的数据划分

征数据和目标数据的新比例,通过比较模型的预测结果和投入度评级结果来验证训练好的 SVM 模型的性能。本研究提出了一种具有高斯核函数的非线性 SVM 来学习身体姿势数据与投入度评价等级之间的关系。SVM 模型使用 Python 中的 Scikit-learn 库来实现和训练。工作投入度评估的整个过程如图 6.4 所示。

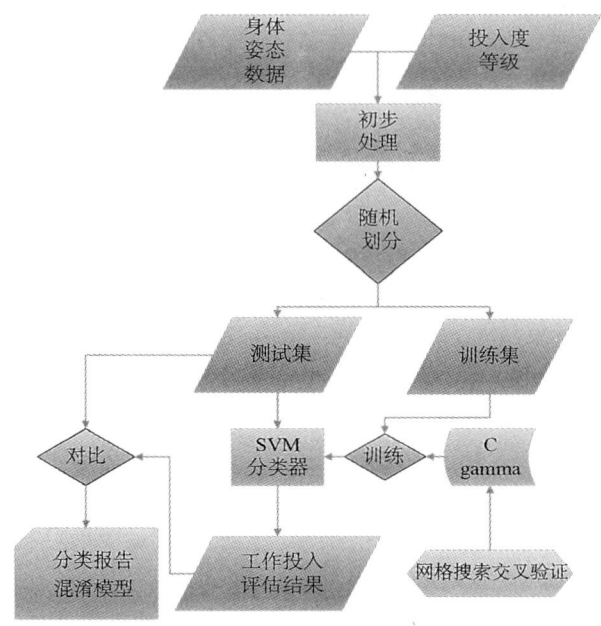

图 6.4 工作投入度评估流程

6.2.2 结果

本研究通过测试数据集对工作投入度评估模型的性能进行了详尽的评估。评估模型每次只通过一名监控员的一个录制片段进行训练和测试，所有视频数据都是这样处理的。表 6.1 简要列出了这些录像片段。

表 6.1 所有视频片段列表

视频	监控员	性别	工作班次	持续时间
1	C	男	夜	0:13:55
2	A	女	日	2:28:35
3	K	女	夜	1:01:47
4	B	女	日	1:09:52
5	F	男	夜	0:04:18
6	G	男	夜	0:18:23
7	I	女	日	1:14:19
8	H	女	日	1:40:13
9	J	女	夜	0:37:11
10	L	女	夜	0:54:40

为了清晰直观地说明分类器模型的分类机制，当特征数据为二维或三维时，决策边界和测试集可以在图表中直观地显示出来。然而，在本研究中，特征数据（即体态估计结果）是六维的，如图6.4中绿色矩阵的六条线所示，在一般图表中无法将最多三个维度的数据以及决策边界可视化。为了解决这个问题，本研究将特征数据分成三类二维点分别绘制，这三类二维点分别是鼻子、颈部和右肩的位置。决策边界可以投影到鼻子、脖子和右肩位置的各个方面。值得注意的是，这一过程是从高维空间到低维空间的转换，会造成信息丢失和数据重叠。因此，一些被决策边界所包围的决策域在图中并不明显。此外，决策边界似乎也没有明确区分不同评级投入度的位置数据。

图6.5和图6.6分别从二维和三维角度展示了表6.2中视频片段1和3的可视化过程。在这些图中，点的坐标是鼻子、脖子或右肩的位置，点的颜色表示相应的工作投入程度，并在图例中显示。被划分的区域为决策域。决策域的颜色表示SVM模型评估的该域中各点的相应工作投入程度，并显示在颜色条中。

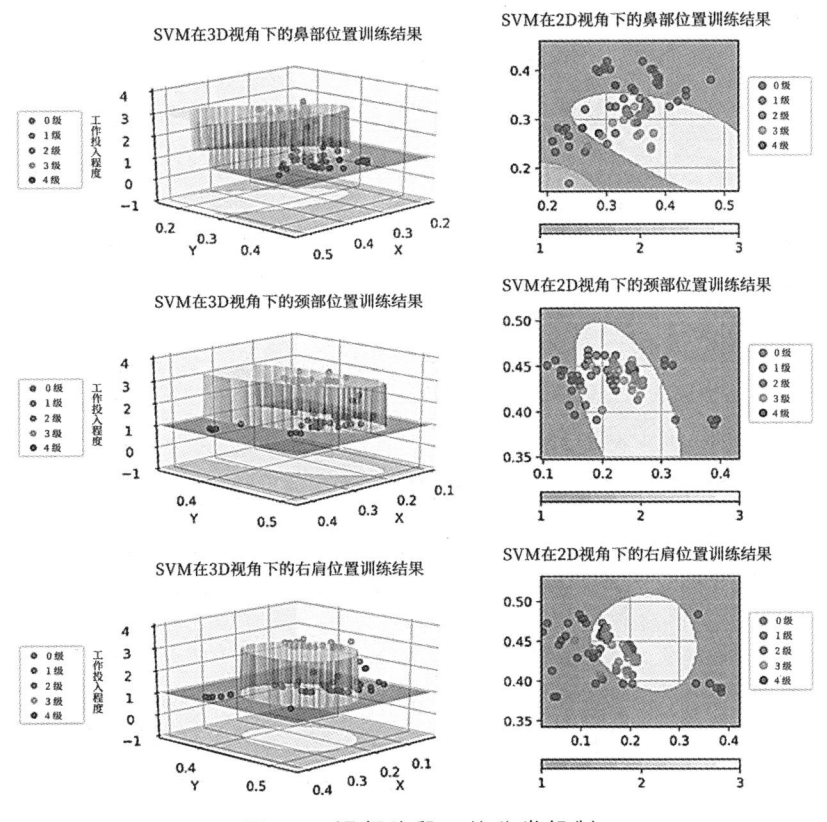

图6.5 视频片段1的分类机制

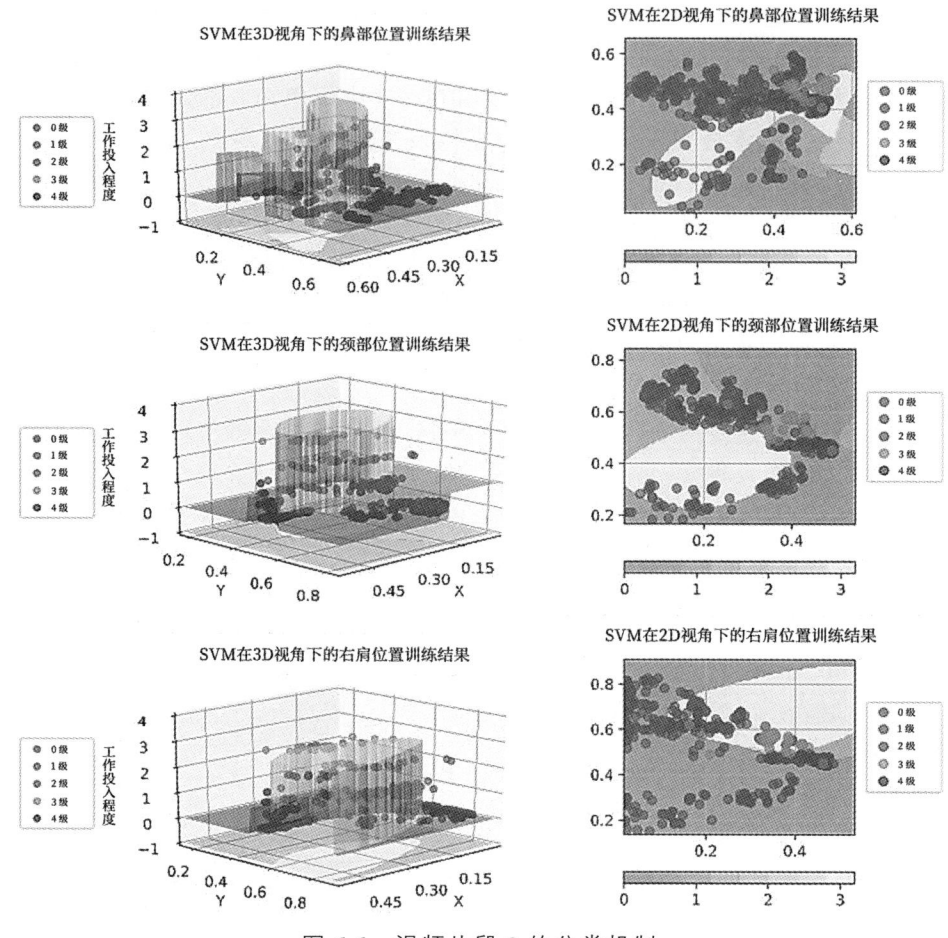

图 6.6 视频片段 3 的分类机制

二维可视化是学术可视化的主要形式，它提供了位置数据和决策域的直接视图。由于上述信息丢失和数据重叠的原因，不同投入度的元素在二维可视化中相互重叠，尤其是在图 6.7 中。相反，在三维可视化中，Z 坐标表示投入度级别，不同投入度的位置数据和决策域分布在相应 Z 坐标的 X-Y 平面上，在三维可视化中很容易观察到这些点是否在相应的决策域中。二维视角是三维图在 Z 坐标-1 的 X-Y 平面上的投影。

每个录制片段的投入度评估结果都以混淆矩阵的形式呈现，该矩阵全面概述了模型的预测结果及其与实际真实标签的一致性。在混淆矩阵中，纵轴上的行标题（称为"真实标签"）表示根据专家对视频片段的评估得出的真实投入度等级，横轴上的列标题（称为"预测标签"）表示模型生成的预测投入度，对角线元素表示模型预测的真实投入度的数量（即真实标签与预测标签之间的匹配度），而非对角线元素则表示模型预测错误的实际投入度。通过分析混淆矩阵和相关性能指标，可以获得有关 SVM 模型优缺点的宝贵见解，这样就能对模型的性能有细致入微的了解。视频片段的混淆矩阵如图 6.7 至图 6.16 所示。

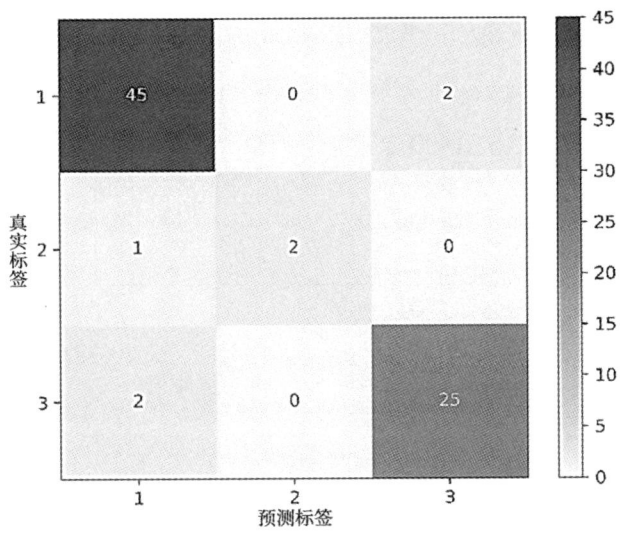

图 6.7 视频片段 1 的混淆矩阵

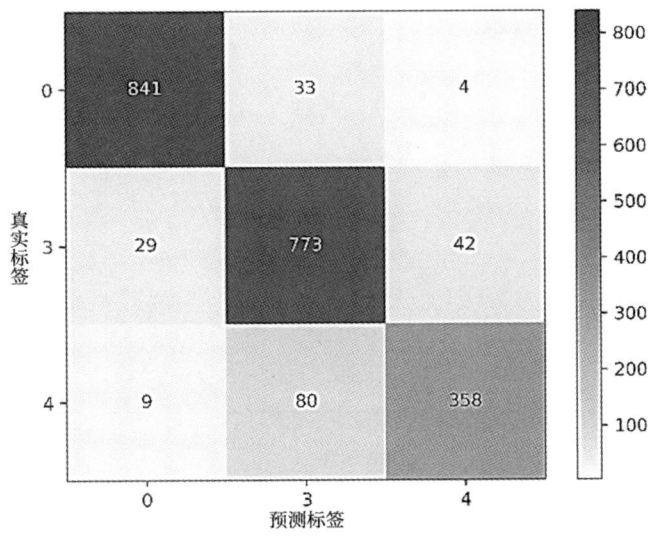

图 6.8 视频片段 2 的混淆矩阵

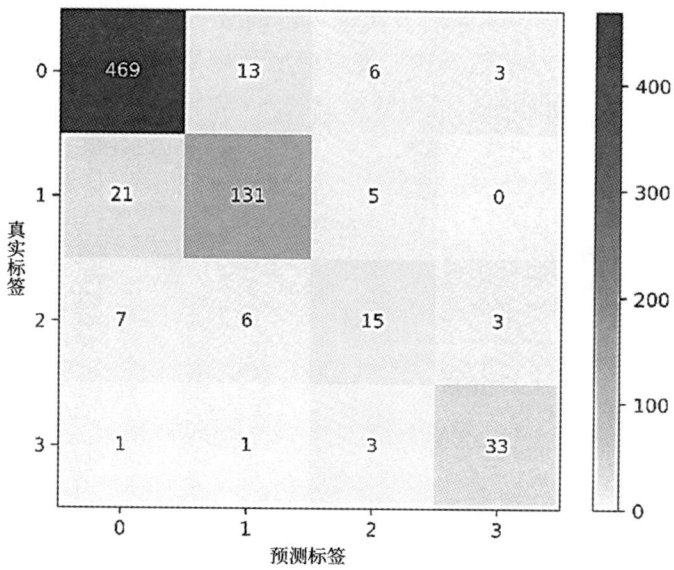

图 6.9 视频片段 3 的混淆矩阵

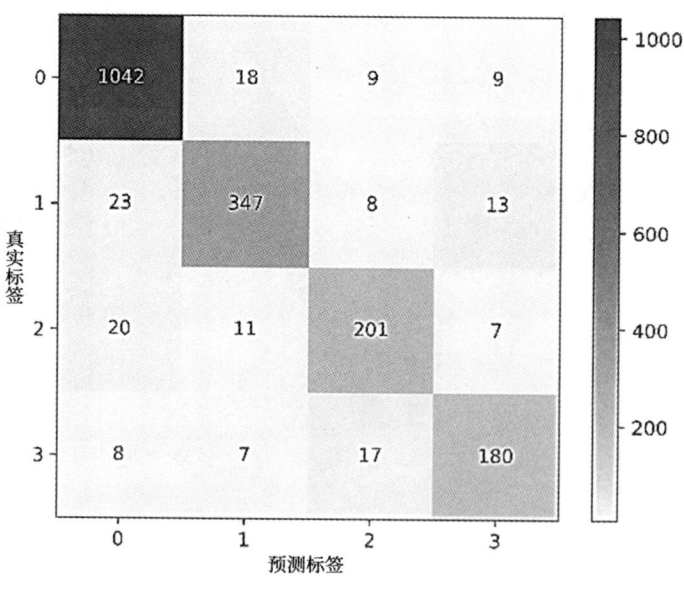

图 6.10 视频片段 4 的混淆矩阵

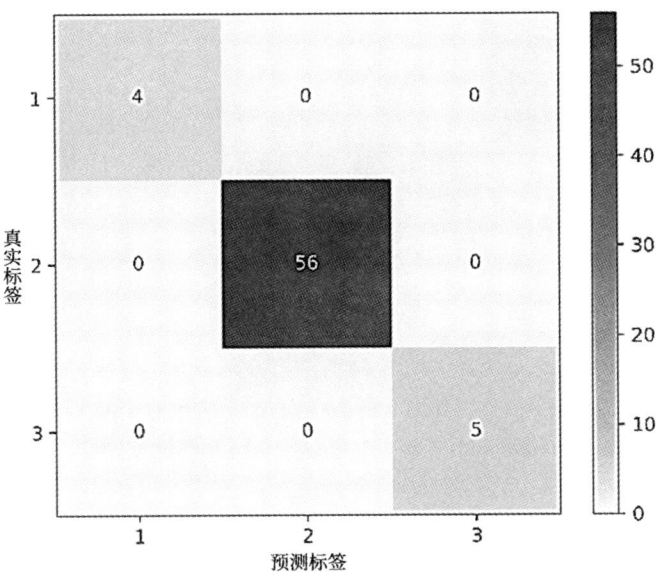

图 6.11 视频片段 5 的混淆矩阵

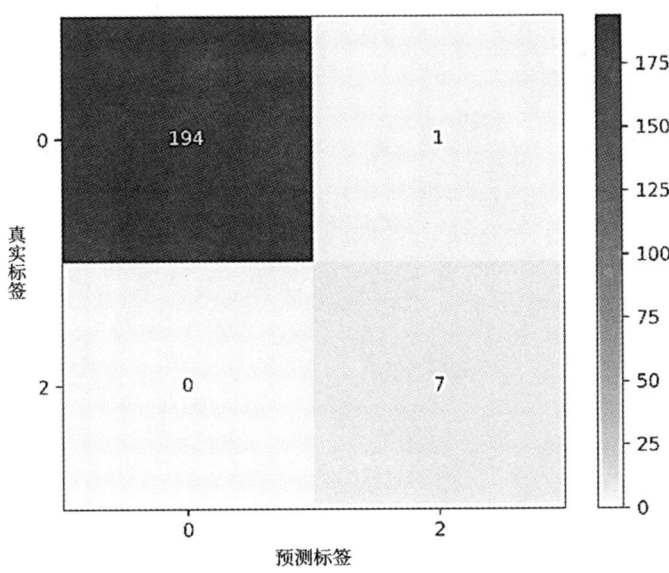

图 6.12 视频片段 6 的混淆矩阵

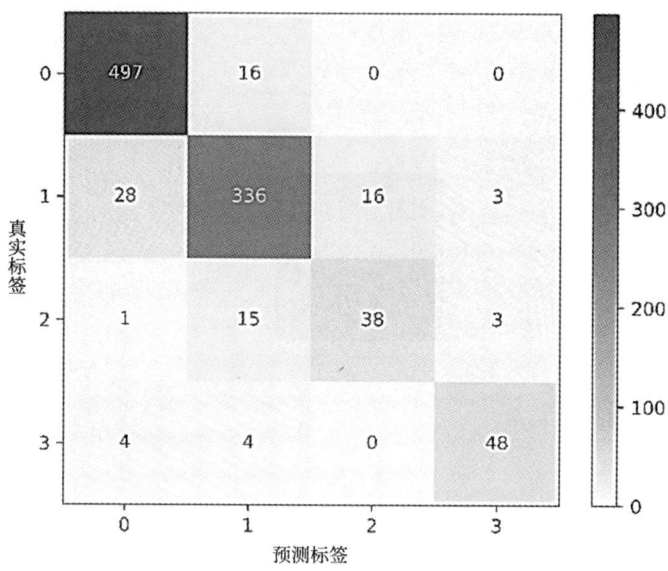

图 6.13 视频片段 7 的混淆矩阵

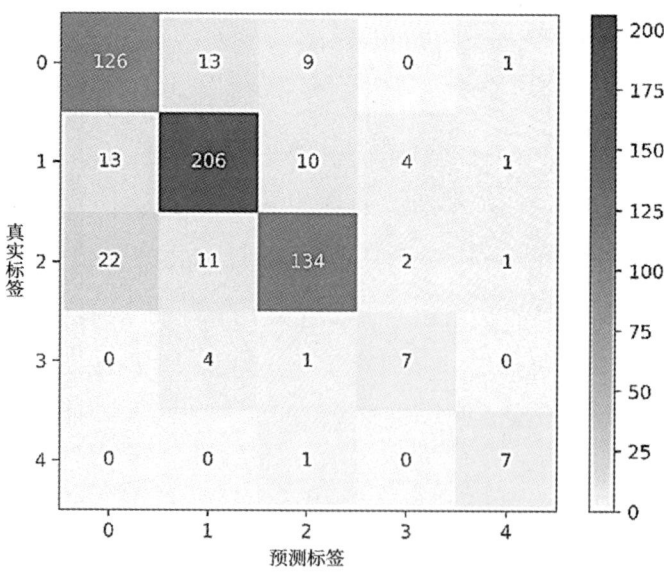

图 6.14 视频片段 8 的混淆矩阵

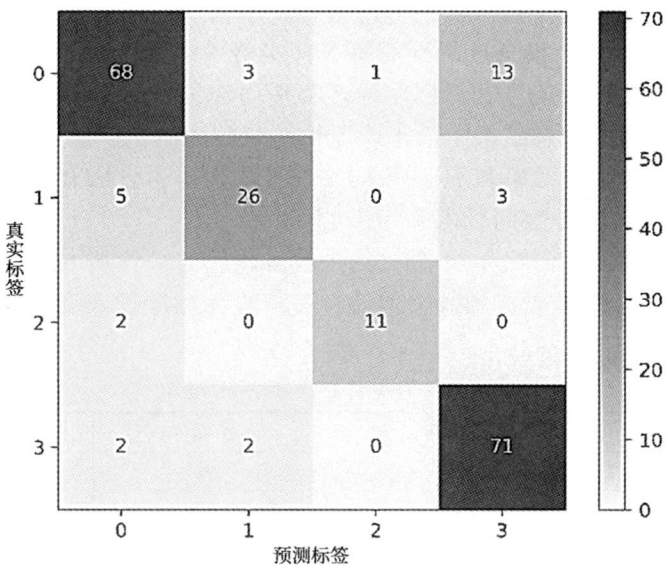

图 6.15　视频片段 9 的混淆矩阵

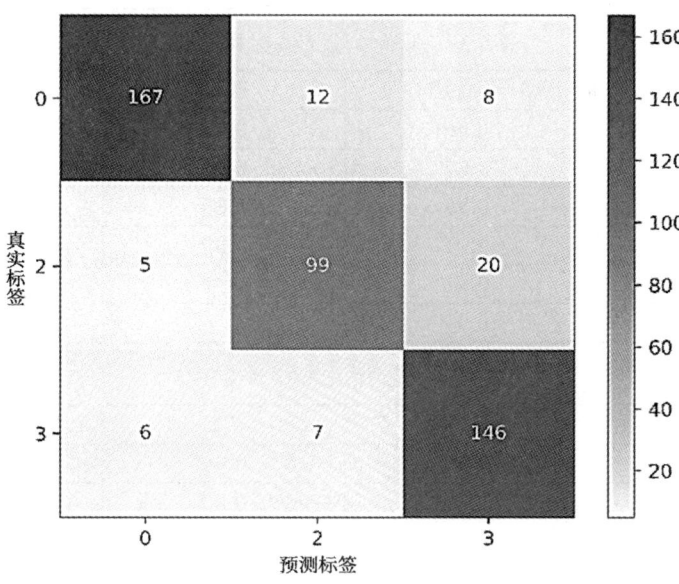

图 6.16　视频片段 10 的混淆矩阵

与混淆矩阵相对应的分类报告如表 6.2 至表 6.11 所示。分类报告中列出了以下几个指标：

（1）精确度（每个投入度级别的已评估结果中已正确评估结果的比例）。

（2）召回率（每个投入度级别的所有真实结果中已正确评估结果的比例）。

（3）f1 分数（精确度和召回率的调和平均数）。

（4）准确度（所有结果中已正确评估结果的比例）。

（5）精确度、召回率和 f1 分数的宏观平均值（包含所有投入度级别的精确度、召回率和 f1 分数的算术平均值）。

（6）精确度、召回率和 f1 分数的加权平均值（包含所有投入度级别的精确度、召回率和 f1 分数的加权平均值，其权重为相应投入度级别在所有测试数据中的比例）。

表 6.2 视频片段 1 的分类报告

状态	精确度	召回	f1 分数
1	0.94	0.96	0.95
2	1.00	0.67	0.80
3	0.93	0.93	0.93
宏观平均值	0.95	0.85	0.89
加权平均数	0.94	0.94	0.93
精确度	0.94		

表 6.3 视频片段 2 的分类报告

状态	精确度	召回	f1 分数
0	0.96	0.96	0.96
3	0.87	0.92	0.89
4	0.89	0.80	0.84
宏观平均值	0.91	0.89	0.90
加权平均数	0.91	0.91	0.91
精确度	0.91		

表 6.4 视频片段 3 的分类报告

状态	精确度	召回	f1 分数
0	0.94	0.96	0.95
1	0.87	0.83	0.85
2	0.52	0.48	0.50
3	0.85	0.87	0.86
宏观平均值	0.79	0.79	0.79
加权平均数	0.90	0.90	0.90
精确度	0.90		

表 6.5 视频片段 4 的分类报告

状态	精确度	召回	f1 分数
0	0.95	0.97	0.96
1	0.91	0.89	0.90
2	0.86	0.84	0.85
3	0.86	0.85	0.86
宏观平均值	0.89	0.89	0.89
加权平均数	0.92	0.92	0.92
精确度	0.92		

表 6.6 视频片段 5 的分类报告

状态	精确度	召回	f1 分数
1	1.00	1.00	1.00
2	1.00	1.00	1.00
3	1.00	1.00	1.00
宏观平均值	1.00	1.00	1.00
加权平均数	1.00	1.00	1.00
精确度	1.00		

表 6.7 视频片段 6 的分类报告

状态	精确度	召回	f1 分数
0	1.00	0.99	1.00
2	0.88	1.00	0.93
宏观平均值	0.94	1.00	0.97
加权平均数	1.00	1.00	1.00
精确度	1.00		

表 6.8 视频片段 7 的分类报告

状态	精确度	召回	f1 分数
0	0.94	0.97	0.95
1	0.91	0.88	0.89
2	0.70	0.67	0.68
3	0.89	0.86	0.87
宏观平均值	0.86	0.84	0.85
加权平均数	0.91	0.91	0.91
精确度	0.91		

表 6.9 视频片段 8 的分类报告

状态	精确度	召回	f1 分数
0	0.78	0.85	0.81
1	0.88	0.88	0.88
2	0.86	0.79	0.82
3	0.54	0.58	0.56
4	0.70	0.88	0.78
宏观平均值	0.75	0.79	0.77
加权平均数	0.84	0.84	0.84
精确度	0.84		

表 6.10 视频片段 9 的分类报告

状态	精确度	召回	f1 分数
0	0.88	0.80	0.84
1	0.84	0.76	0.80
2	0.92	0.85	0.88
3	0.82	0.95	0.88
宏观平均值	0.86	0.84	0.85
加权平均数	0.85	0.85	0.85
精确度	0.85		

表 6.11 视频片段 10 的分类报告

状态	精确度	召回	f1 分数
0	0.94	0.89	0.92
2	0.84	0.80	0.82
3	0.84	0.92	0.88
宏观平均值	0.87	0.87	0.87
加权平均数	0.88	0.88	0.88
精确度	0.88		

6.3 动态测量监控员投入度

本研究开发了一种结合 Openpose 进行身体姿势估算和利用 SVM 进行工

作投入度评估的方法,旨在实现对高速公路监控室中监控员的自动化、实时、客观且低侵入性的工作投入度评估。与可能导致偏差的自我评估方法相比(Reinerman-Jones、Matthews 和 Mercado,2016),这种自动测量技术更加客观。结果表明了该方法的有效性、实用性和稳健性,如表 6.2 至表 6.11 所示,其中精确度、召回率和 f1 分数的加权平均值均高于 0.84。结果表明,基于图像处理数据的监督学习方法在预测监控员投入度方面的效果与人类观察员的直接观察方法大致相同。

由于精确度和召回率在本质上是相互矛盾的,当研究目的是实现某些特定的设计目标时,建议在调整模型或训练模型时根据评估目标确定这些指标的重要性。例如,当遗漏某一类输入数据的成本很高时,就应该把重点放在提高这一类的召回率上,而不是精度。其中一种情况可能是,安全关键领域的监控员需要对突发事件做出快速反应(Ikuma 等,2014),在这种情况下,如果模型无法识别监控员在紧急情况发生时的投入度为 0,那么帮助监控员提高投入度的设计干预措施就无法立即应用。由于监控员在需要应对紧急情况时的投入度等级仍然很低,高速公路的安全将受到威胁,在这种情况下,应提高 0 级的召回率,以便尽可能地减少发生无法检测到 0 级投入度的情况,即使这样做的结果是失去精确性,可能导致对 0 级的错误评估。虽然有必要考虑精确度和召回率在有效评估特定投入度级别时的相对重要性,但如果模型能够准确地、几乎在所有情况下正确识别每个投入度级别,那么它就更适用,因为这将揭示更多的设计机会。

本研究的目标是制定一个有效且平衡的方法框架,不关注某些特定投入度的精确度或召回率,而是追求对所有投入度的总体准确评价。因此,有必要同时考虑所有投入度的精确度和召回率,这两个指标越高越好,因此所有投入度的 f1 分数也是越高越好。f1 分数非常全面,既考虑了精确度,也考虑了召回率。精确度、召回率和 f1-score 的宏观平均值是这三个指标的算术平均值,它对每个类别一视同仁,但其值容易受到稀有类别的影响,从而影响对大多数类别的反映。精确度、召回率和 f1-score 的加权平均值考虑了类的不平衡性,能更好地反映大多数类的表现,尤其是在不同投入度分布严重不均的情况下,这可能会更好地服务于现实世界中的数据收集,因为在实际情况中,每个类的数据收集量并不总是足够或相等的。此外,准确度是评估模型性能的另一个重要指标,因为它反映了所有结果中正确评价的比例。因此,在本研究中,所有投入度的这两个指标对于全面评估模型性能具有重要意义。

总体而言,本研究提供了一种准确而稳健的工作投入度评估方法。与许多涉及机器学习的研究一样,样本数据在不同类别(本例中为不同工作投入程度）之间的分布不均是模型准确性和稳健性面临的主要挑战（Kaur 等,2019）。从本研究的结果来看，视频片段 1、3 和 7 中的第 2 级，以及视频片段 8 中的第 3 级和第 4 级的评价效果并不十分理想（见表 6.2、表 6.4、表 6.8 和表 6.9）。但在表 6.3 和表 6.5 中，第 2、3 和 4 级的评价效果令人满意，因为第 3 和 4 级在视频片段 2 中的比例大于在视频片段 8 中的比例，而第 2 级在视频片段 4 中的比例大于在视频片段 1、3 和 7 中的比例。这表明，在有足够训练数据的情况下，评估模型能够通过身体姿势区分出所有投入度程度。由于采用了相对复杂的方法框架和先进的人工智能算法，与之前的一些研究相比，本研究采用的方法具有卓越的性能。表 6.2 至表 6.11 中最高的宏观平均 f1 分数和加权平均 f1 分数均为 1.00，上述所有视频片段的平均 f1 分数为 0.88，均高于之前一项相关研究（Brenner 等，2021）中的 0.81。表 6.2 至表 6.11 中的最高准确度为 1.00，上述所有视频片段的平均准确度为 0.92，均高于之前另一项相关研究（Ashwin 和 Guddeti，2019）中的 0.71。

此外，本研究的结果表明，身体姿势与监控员的投入度有很强的相关性，验证了在安全关键领域通过与人工智能合作使用身体姿势数据来评估投入度程度的可能性。人工智能与生物统计学（如身体姿势）在测量和跟踪投入度方面的合作已在教育领域得到广泛验证（Villa 等，2020）。近年来，学者们也尝试应用人工智能来测量员工的投入度，通过身体姿势数据来帮助工作设计提供信息，例如，通过记录员工在模拟中的投入度来评估员工的培训需求（Rajavenkatanarayanan 等，2018）。本研究没有使用模拟实验室，而是探索使用生物识别技术自动跟踪监控员在实际安全关键环境中的投入度变化。

本研究探索了一种有效的方法，为跟踪监控员在实际工作环境中的投入度提供足够的身体姿势信息。许多数字方法都侧重于在阶梯教室（Klein 和 Celik，2017）和模拟环境（Whitehill 等，2014）中对学生的投入度进行评估。在这些情况下，观看、聆听或做笔记等身体姿势模式在一定程度上受到限制。然而，监控室监控员可能有更多的身体姿势模式，如使用电话、操作设备、与同事聊天、玩手机、吃喝等。此外，与模拟实验不同，在实际的高安全级别监控室中，由于各种突发紧急情况和其他意外事件，身体姿势可能更加难以预测。因此，与教室或实验室环境相比，实际工作环境中的身体姿势可能会有更大的范围。如果只使用身体倾斜角度、懒散系数等几个身体姿态指标（Sanghvi 等，2011），可能无法全面描述身体姿态，从而增加人工智能模型区分投入度的难度。为了缓解这些问题，本文在研究中考虑了所有可用的、与实际相关的解剖学关键点的位置，因为这些关键点的组合可以更全面地描述姿势，因此可以更准确地用于评估投入度。令人鼓舞的评估结果表明，本研究中用于提供身体姿势信息的解剖学关键点足以跟踪实际工作环境中监控员的投入度情况,尽管一些解剖学关键点并不总能找到。如果本研究中的三个关键解剖点无法全部定位,则无法按照首选置信等级对投入度进行评估。如图 6.5 和图 6.6 所示,仅使用三个解剖关键点中的一个点的位置无法正确划分结合等级。为进一步改进评估方法,可在未来的研究中探索使用更多生物学特征测量来跟踪投入度的益处。

此外,在需要识别特定目标为设计提供信息时,监督学习算法也是适用的方法之一。虽然 Kaur 等人(2019)采用了 K-Means 等无监督学习算法,根据不同身体信号的相似性来预测投入度:眼睛注视、头部运动、面部表情和身体姿势,但使用无监督学习算法所带来的潜在风险是,可能会产生无效的投入度等级。例如,监控员使用电脑浏览工作资料和观看娱乐视频时的身体姿势可能非常相似。然而,在无监督学习算法的结果中,只对身体姿势进行评估,就可以将它们视为相同的工作投入度。这是因为无监督学习算法是在计算数据相似度的基础上完成分类的,然后根据对分类结果的分析给出每个分类的定义(标签)。相比之下,监督学习算法旨在识别利益相关者定义的数据。监督学习算法在特征数据和目标数据(分类标签)之间建立联系,这是为了让该模型学会如何根据利益相关者定义的标签对后续未知数据进行分类。在本研究中,第 5 章中的五个投入度等级具有代表性,需要被有效识别才能为后续设计提供依据,因此在本研究中应用监督学习算法是合理且恰当的。

6.3.1 贡　献

本研究是首次借助人工智能测量肢体语言,自动评估监控员在安全关键领域的投入度。本研究拓展了人工智能在安全和自动化系统中的应用。以往的研究主要是利用人工智能监控交通流量等物理状态(Formosa 等,2020;Chen 等,2021),以加强系统安全。本研究显示了使用人工智能自动评估实际高安全级别监控室中监控员投入度情况的潜力,这有可能为有针对性的实时设计干预提供机会。因此,它为将人工智能作为一种设计工具来提高监控员投入度、优化监控员工作表现并促进整个系统的安全性提供了机会。

本章讨论的评估方法性能优越,适用于以下提高安全性的设计方案(包括但不限于以下方案)。要进一步开发其中任何一个机会,都需要充分、稳健地考虑在这种工作环境中使用人工智能的道德问题,因为根据实施的原因,对监控员可能会产生积极或消极的后果(Hagendorff,2020)。

(1)实时工作投入度评估和与警报级别相匹配的智能警报模式:当管辖范围内存在严重风险时,监控员可能会因为外部干扰、身体或精神疲劳以及对警报不敏感而不投入工作，这将导致严重后果。为了解决这个问题，本章提出的方法可以检测监控员的投入度程度，并立即以即时的方式向监控员发出警报。

（2）高效的实时工作投入度评估：用传统的评估方法来动态、准确地评估监控员长时间的工作投入度情况，需要花费大量的成本。利用本章介绍的方法，只需安装一个摄像头，就能对监控员整个工作日的工作投入情况进行评估。然后，管理者可以利用评估结果动态调整工作指令和组织措施。

（3）发现工作投入度的主要影响因素：根据不同情况下的评估结果，可以通过关联分析找到对工作投入度有重大影响的因素。可以提出更有针对性的人因工程干预措施，以提高工作投入度。

此外，与其他类似方法相比，这种评估方法还具有实用性强、成本低的优点。已有一些分析身体姿态的数字方法，如使用名为 Kinect 的运动传感输入设备（D 入设备等，2015；Brenner 等，2021），该设备比本研究中使用的普通摄像头大得多，也贵得多。尽管这些方法不需要佩戴额外的测量设备，可以应用于实际环境中，但 Kinect 相对较大的体积和昂贵的价格可能会限制这些方法在实际工作环境中的应用。总的来说，与相关研究中的现有测量方法相比，本研究采用的方法增加了在实际坐姿工作环境中应用人工智能方法的可能性。

6.3.2 局限性和未来工作方向

本研究发现了一些局限性，现将这些局限性介绍如下，并尽可能说明如何开展未来的研究，以减轻这些局限性的影响。

从实际工作环境中收集的数据存在局限性，这给投入度评估方法带来了一些挑战。在本研究中，由于无法对所有控制器的视频采集进行标准化，因此无法使用不同监控员的数据来训练一个单一的模型。这是由于工作环境的空间限制以及与安全关键领域相关的灵活性不足造成的。如果本研究的每位监控员都能在相同的空间条件下进行视频拍摄（即摄像机相对于监控员的位置相同，摄像机的拍摄角度相同），那么就有可能使用由来自所有不同监控员的标准化数据组成的单一数据库来训练一个模型。一个统一的模型可以评估在相同空间条件下拍摄的任何监控员的工作投入度。为了在不改变监控员正常工作习惯的情况下获得标准化数据，应考虑重新设计工作台和座椅，使摄像机的相对位置和拍摄角度在每种情况下都相同，而不会对监测工作造成干扰。

大量研究表明，投入度的变化通常会导致身体姿势的变化（Charles-Edwards 等，2004；Rajavenkatanarayanan 等，2018）。因此，从身体姿态成功识别投入度的关键在于不同投入度的身体姿态存在明显差异。然而，根据第 5

章中对五个投入度的定义，3 级和 4 级之间的主要区别之一是监控员对工作中干扰的反应，而不是明显可观察到的身体姿势变化。因此，在表 6.3 中，0 级的精确度和召回率都高于 3 级和 4 级。尽管整体评估性能仍令人满意，但仍建议考虑与投入度相关的其他指标，如鼠标轨迹（Arapakis、Lalmas 和 Valkanas，2014），以提供更多信息并提高评估效果。从实际角度来看，无论如何，3 级和 4 级都表明了一种非常严肃的工作态度。因此，即使模型不能总是精确区分这两个级别，也可能不会直接引起对道路安全的担忧。

短时间（比如不到一分钟）测量心理等级的变化加重了人工观察的难度，这可能会威胁到为培训模型分配的投入度评级的准确性。这一挑战在实际工作环境中尤为明显。与变量相对可预测的实验室环境相比，监控室监控员可能会因为工作环境的意外变化而突然改变他们的投入度。例如，本研究观察到，参与者 H 经常在短时间内转换投入程度，因为她的同事在她工作时会不时地与她聊天。这些迅速的等级变化给投入度的主观测量带来了障碍，因为有限的投入度时间限制了收集足够数据的可能性，如谈话内容、活动目标、干预反应，以评估投入度。在这种情况下生成的指定投入度等级的准确性将影响这种方法的评估效果。如视频片段 3 所示，监控员 K 经常从第 2 级转到其他级别。在分配较少的情况下，2 级的评估效果尤其差（见表 6.4）。在今后的研究中，建议考虑使用三角测量法（triangulation）来加强和验证人工评价的可信度，方法是结合多种数据来源、方法或调查人员（Eisenhardt，1989），例如，可以由多个打分员共同评价投入度，或与一些自我评估方法合作收集与投入度波动相关的数据。

鉴于这些局限性，本研究应被视为对以下方面的探索：
（1）在实际的安全关键环境中，应用人工智能测量监控员的投入度。
（2）建议如何使用自动系统来优化投入度，以实现基于证据的设计干预。例如，鉴于监控员投入度与工作表现之间的密切关系，自动化系统（尤其是在安全关键领域）应在监控室设计的早期阶段就考虑测量和提高监控员投入度的方案。此外，尽管本章介绍的方法相比之前的研究取得了更好的性能，但仍有必要开展进一步的研究，以便为投入度评估的优化提供更多的见解。例如，额外的生物识别指标（Villa 等，2020），通过应用人工智能技术来评估投入度。

6.4 实时评估监控员投入度方法框架总结

本研究基于我国西南某省高速公路监控室监控员的数据，提出了一种用于安全关键型工作环境中实时评估监控员投入度的方法框架。该框架依托第

5 章中定义的五个投入度等级，结合 Openpose 和 OpenCV 对监控员的身体姿势进行评估，并使用支持向量机（SVM）算法建立投入度评估模型。研究结果验证了该方法框架在坐姿安全关键工作环境中的可行性和有效性，展示了其自动、客观和及时跟踪监控员投入度的潜力。该框架不仅适用于高速公路监控室，还可能扩展应用到其他相关的坐姿工作环境。通过该方法，本研究为设计动态管理监控员投入度以及开发干预措施来影响投入度提供了丰富的基础，为人工智能在安全关键领域的应用开辟了新途径，特别是在监控员投入度的实时跟踪和评估方面；此外，该方法论框架促进了人工智能与投入度设计领域的结合，推动了积极心理学在相关领域的进一步发展，提供了具有巨大潜力的未来研究方向。

第 7 章　总结与未来展望

7.1　导　言

在高速公路监控室中,监控员的投入度对系统的安全性和工作效率至关重要。本研究的总体目标是为监控员投入度循证设计提供理论依据,从而优化监控员的工作表现和福祉。本研究通过以下两项核心活动实现了这一目标:

(1)定义、解释和量化监控员全情投入度的五个典型等级。本研究通过深入分析监控员在实际工作中的表现和体验,明确了监控员全情投入的五个等级。这些等级不仅揭示了监控员在不同投入度水平下的行为和心理特征,还为后续的测量和评估提供了量化的依据。通过对每个投入度等级的详细描述和行为模式的分析,本研究为监控员投入度的精确评估奠定了基础。

(2)确定影响监控员在高安全级别监控室中全情投入度的因素。本研究识别了显著影响监控员全情投入的因素,这些因素既包括组织层面的心理安全、心理意义和心理可用性等因素,也涵盖了个人层面的特征和性格等因素。这些因素为设计具有针对性的投入度干预措施提供了理论依据,能够帮助管理者和设计者更好地理解和优化监控员的投入度,进而提升监控室的整体工作效率与安全性。

本章总结并归纳了前几章的研究成果,明确了贡献与局限性。这些总结为提升监控员投入度提供了清晰的方向和具体的建议,同时也为后续的研究和实践提供了方法论支持,推动了监控员全情投入度管理和监控室运营效率的进一步改善。

7.1.1　任务分析

第 4 章对高速公路监控室操作进行了全面且务实的任务分析研究,旨在通过明确与道路安全显著相关的任务的目标和子目标,拓宽对高速公路监控任务的理解。本研究在我国西南某省两个高速公路监控室进行实地研究,参与者包括18名监控员和4名工程师,旨在深入了解他们在工作中的任务执行情况。本研究采用以用户为中心的方法,从工作流程、任务目标、子目标及相关认知等多个维度对监控员的任务进行了详细调查。

本研究识别并描述了两类核心任务，并以层次结构的形式呈现出来。这些任务不仅根据其目标和子目标进行了详细划分，还结合了监控员在执行任务过程中所需的认知能力。这种分析方法有助于揭示监控员在不同任务执行阶段的认知负荷与挑战，从而为优化监控室操作、提升监控员的工作效率和投入度提供了理论依据。通过这种层次化的任务分析，本研究能够更全面地理解监控员如何在复杂的工作环境中进行决策，并提供了改进任务设计和监控员支持系统的基础。

7.1.2 解释典型监控员全情投入等级对界面设计的启示

第 5 章的研究采用观察与访谈相结合的方法，成功识别并解释了五个典型且独立的监控员投入度等级，并阐明了每个等级背后的原因。一个有趣的发现是，高速公路监控员很少体验到理想的监控员投入度。尽管投入度等级 3 和 4 被视为最高投入度的两个级别，这两个级别的体验与心流概念（Csikszentmihalyi，2002）仅部分吻合。例如，这些监控员可能经历高度集中、专注和警觉的状态，但实际上他们的情绪通常较为消极，甚至类似于职业倦怠、精疲力竭和愤世嫉俗（Bakker、Demerouti 和 Sanz-Vergel，2014）。这一现象可部分归因于缺乏一些与投入度相关的重要因素，如心理意义、心理安全和心理可用性。理想情况下，这些因素在投入度增加的过程中不应呈线性增加，而应表现出不规则的波动。通过识别这些不规则变化，本研究揭示了提高监控员投入度的潜在机会，并提出了相应的界面设计改进措施。

7.1.3 衡量监控员投入度

第 6 章提出了一种结合人工智能（AI）技术的新型投入度评估方法，专门针对高速公路监控室的监控员进行研究。该方法利用 Openpose 和开源计算机视觉库（OpenCV）来实时估计监控员的身体姿势，然后采用支持向量机（SVM）算法建立监控员投入度评估模型。通过离散状态的分类，该模型能够精准识别监控员的投入度状态。评估结果表明，该方法的平均准确率达到 0.92，加权平均精度、召回率和 F1 分数均高于 0.84，显示出其在实际应用中的高效性和可靠性。这种方法框架的关键贡献在于强调了对典型投入度状态进行特定数据标注的重要性。通过精确标注监控员的行为和状态，本研究为监控室改进和监控员投入度的动态评估提供了技术基础。未来，这种基于人工智能的评估方法有望被广泛应用于高速公路监控系统中，实时监测并优化监控员投入度，以确保系统的安全性和高效性。

7.2 局限和措施

尽管深入了解实际高安全级别监控室中监控员的工作情况对设计过程至关重要，但由于监控员群体和工作环境的特殊性，该领域的实地研究方法具有一定的特定要求，因此也存在一些局限性，特别是在项目初期，研究者对监控员群体的了解不够充分。针对这些局限性，以下是两项重要的预防措施：

7.2.1 建立监控背景知识

丰富的监控系统背景知识有助于研究人员理解监控员的实际情况，并与他们建立情感共鸣。没有足够背景知识的研究人员可能会在选择调研方法时遇到困难，比如可能无法意识到邀请监控员评价自己的工作是"冒犯的"行为，因为任何对工作的负面评价可能都会上升到对安全的不重视。为了克服这一困难，建议研究人员在正式研究开始前，提前在目标监控室中进行飞行研究，比如采用类似人种学的方法，熟悉工作环境和文化，从而更好地选择调研工具。此外，还建议研究者在整个用户研究中保持高度同理心，比如，设身处地地理解他们的工作困难，与监控员建立良好的关系。

7.2.2 调研中不可预见的干扰因素

在对安全要求极高的监控室进行数据收集时，研究人员可能会遇到不可预见的情况，例如被要求删除涉及敏感话题的录制视频。研究计划应提前考虑到这些问题，做好应对方案，比如广泛收集数据。此外，考虑到交通事故或其他突发事件可能会干扰数据收集过程，比如一个正在接受采访的监控员可能会因为紧急事件而终止访谈。建议为研究预留足够的时间，在需要时可以重复数据收集或调整研究安排。

7.3 对理论和实践知识的贡献

7.3.1 理论贡献

本研究的理论贡献是：

（1）监控员全情投入本体论和认识论的概念定义：从概念层面上界定了前期研究中采用的本体论和认识论，为在高安全级别监控室环境中研究监控员的全情投入度奠定了基础。

（2）监控员全情投入的定义：本研究定义了监控员的全情投入度，作为一种积极、充实、自信、专注乃至愉悦的工作体验。这种投入不仅有助于提升工作表现等功利性成果，也促进了积极的工作心态和个人发展等幸福感。

（3）任务分析深化对高速公路监控室操作的理解：通过对实际高速公路

监控室中可能与安全相关的任务进行全面分析，描述了这些任务流程中的认知要求，填补了现有研究的空白，深化了对高速公路监控室操作及其对高速公路安全影响的理解。

（4）监控员全情投入度的多层次解释：引入了对监控员全情投入度的多层次解释，将监控员的投入度划分为不同的典型等级，旨在揭示影响各层次投入度的因素，从而识别改善投入度的界面设计机会。此外，还结合了三种心理条件理论（Kahn，1990）对全情投入度的多层次视角的探讨，扩展了提高典型投入度等级的理论框架。

（5）人工智能支持的投入度测量框架：基于人工智能，建立了测量监控员投入度的方法框架，为提高监控员投入度的干预措施提供了实证信息。

7.3.2 实际贡献

本研究的实际贡献如下：

（1）任务分析为设计提供依据：综合的任务分析为高速公路监控室的设计提供了实践依据，有助于优化监控员的工作流程和工作环境。

（2）解释监控员全情投入度的五个等级和改进机会：描述监控员全情投入度的五个递增等级的体验和行为，并挖掘了通过改善界面设计提升监控员投入度的机会，为实际设计改进提供了理论支持。

（3）基于人工智能的投入度评估方法框架：基于人工智能算法对肢体语言进行测量，开发了一种可自动评估监控员在实际工作中投入度的方法框架。这为测量监控员全情投入度的用户研究提供了测量工具，例如，其测量结果可为制作监控员"人物画像"和"用户旅程图"服务。此外，这种测量工具对制定和实施旨在支持监控室环境中投入度的政策也具有重要影响。

7.3.3 未来研究方向

除了上文讨论的贡献外，本研究还确定了以下几个未来潜在的研究方向：

（1）探索其他影响监控员投入的因素：未来的研究可以更深入地探讨影响监控员在安全关键环境中投入度的各类情境因素。这可能包括调查组织文化、领导风格、任务复杂性和技术界面对投入度等级的影响。了解这些环境影响因素可以为优化监控员的全情投入度提供价值的见解。

（2）开展纵向用户研究：此研究将能够考察监控员长期的投入度表现，深入了解投入度的波动和模式，挖掘从长期角度改善监控员投入度的机会以及导致脱离投入度的诱因。

（3）比较研究：比较不同高安全级别监控室或行业的监控员投入度等级，

对于了解差异和确定最佳实践路径非常有价值。通过研究不同环境下的投入度差异，研究人员可以找出促进较高投入度的因素，并制定提高不同领域投入度的策略。

（4）干预措施的设计与评估：未来的研究可侧重于开发和评估旨在提高监控员投入度的干预措施。这可能涉及设计针对特定投入度等级的干预措施、评估其有效性并确定其影响投入度的机制。实施和评估干预策略将有助于在实际监控室环境中应用研究成果。

（5）隐私风险的降低：本研究中使用图像识别技术会带来隐私风险，因为该技术从侧面捕捉参与者，包括他们的面部。为了降低这种风险，未来的研究可以探索其他数据收集方法，比如监测监控员的脉搏和视线轨迹，而不是捕捉面部特征，从而减少生物识别数据的可识别性。

（6）深入探索用户体验背景知识：好的设计需要对用户和环境有深刻的了解。建议未来研究探索体验的背景知识，包括代表监控员体验的"人物画像"和"用户旅程图"。通过更全面地理解监控员的工作背景和经历，设计师可以更好地识别改善投入度的机会和挑战。

7.4 总　结

本研究深入探讨了监控员全情投入度在高速公路监控室中的表现与影响，旨在为提升监控员工作表现和福祉提供科学依据。通过对监控员在实际工作环境中的五个典型投入度等级的定义、量化与分析，本研究系统识别了影响监控员投入度的多层次因素，涵盖组织层面的心理安全、心理意义与心理可用性，以及个人特征和性格等个体层面的因素。本研究提出了基于人工智能测量监控员投入度的方法框架，利用计算机视觉与支持向量机模型，实现了对指定监控员投入度的高精度评估。

此外，本研究还针对监控员任务的认知要求进行了详细的任务分析，为监控室设计提供了宝贵的依据，揭示了提高监控员投入度的设计机会。尽管研究存在一定局限性，特别是在初期对监控员群体的了解不足，导致可能收集到的数据不够丰富，但通过采取补救措施，最终为监控员投入度的提高提供了理论支持和实证数据。

本研究不仅为监控员全情投入度的理论研究做出了贡献，还为实践中的监控室设计与干预措施提供了有力的指导，尤其是通过引入多层次的投入度框架和人工智能测量方法，推动了这一领域的发展。未来的研究可进一步探索情境因素对投入度的影响、纵向研究监控员投入度的动态变化以及跨行业的比较研究等方向，以期为监控员投入度的优化提供更加全面和深刻的理解。

参考文献

[1] AFRAHI B, BLENKINSOPP J, DE ARROYABE, et al. Work disengagement: A review of the literature[J]. Human Resource Management Review, 2022, 32 (2): 100822.

[2] ALARCON G, ESCHLEMAN K J, BOWLING N A. Relationships between personality variables and burnout: A meta-analysis[J]. Work and Stress, 2009, 23 (3): 244-263.

[3] ALARCON G M. A meta-analysis of burnout with job demands, resources, and attitudes[J]. Journal of Vocational Behavior, 2011, 79 (2): 549-562.

[4] ALATALO S, OIKARINEN E L, REIMAN A, et al. Linking concepts of playfulness and well-being at work in retail sector[J]. Journal of Retailing and Consumer Services (Elsevier Ltd), 2018 (43): 226-233.

[5] ALIMOGLU M K, SARAC D B, ALPARSLAN D, et al. An observation tool for instructor and student behaviors to measure in-class learner engagement: a validation study[J]. Medical Education Online, 2014 (19): 24037.

[6] ARAPAKIS I, LALMAS M, VALKANAS G. Understanding Within-Content Engagement through Pattern Analysis of Mouse Gestures[C]. CIKM'14: Proceedings of the 23rd ACM International Conference on Conference on Information and Knowledge Management, 2014: 1439-1448.

[7] ASHWIN T S, GUDDETI R M. Unobtrusive Behavioral Analysis of Students in Classroom Environment Using Non-Verbal Cues[J]. IEEE Access, 2019 (7): 150693-150709.

[8] BAKKER A. Building engagement in the workplace[M]. The peak performing organization, 2008: 96-118.

[9] BAKKER A B, HAKANEN J J, DEMEROUTI E, et al. Job resources boost work engagement, particularly when job demands are high[J]. Journal of Educational Psychology, 2007, 99 (2): 274-284.

[10] BAKKER A B, SCHAUFELI W B, LEITER M P, et al. Work engagement: An emerging concept in occupational health psychology[J]. Work and Stress, 2008, 22 (3): 187-200.

[11] BAKKER A B, DEMEROUTI E. The Job Demands-Resources model: State of the art[J]. Journal of Managerial Psychology, 2007, 22 (3): 309-328.

[12] BAKKER A B, DEMEROUTI E. Towards a model of work engagement[J]. Career Development International, 2008, 13 (3): 209-223.

[13] BAKKER A B, DEMEROUTI E, SANZ-VERGEL A I. Burnout and Work Engagement: The JDR Approach[J]. Annual Review of Organizational Psychology and Organizational Behavior, 2014 (1): 389-411.

[14] BAKKER A B, DEMEROUTI E, VERBEKE W. Using the job demands-resources model to predict burnout and performance[J]. Human Resource Management, 2004, 43 (1): 83-104.

[15] BAKKER A B, TIMS M, DERKS D. Proactive personality and job performance: The role of job crafting and work engagement[J]. Human Relations, 2012, 65 (10): 1359-1378.

[16] BANDURA R P, LYONS P R. Using a skill-building tool to enhance employee engagement[J]. Human Resource Management International Digest, 2017, 25 (6): 1-5.

[17] BARGAS-AVILA J A, HORNBÆK K. Old wine in new bottles or novel challenges: A critical analysis of empirical studies of user experience[C]. SIGCHI Conference on Human Factors in Computing Systems (CHI'11), 2011: 2689-2698.

[18] BERGSTRÖM J, VAN WINSEN R, HENRIQSON E. On the rationale of resilience in the domain of safety: A literature review[J]. Reliability Engineering & System Safety. Elsevier, 2015 (141): 131-141.

[19] BERNHARDT K A, POLTAVSKI D, PETROS T, et al. The effects of dynamic workload and experience on commercially available EEG cognitive state metrics in a high-fidelity air traffic control environment[J]. Applied Ergonomics, 2019 (77): 83-91.

[20] BERNHARDT K A, POLTAVSKI D. Symptoms of convergence and accommodative insufficiency predict engagement and cognitive fatigue during complex task performance with and without automation[J]. Applied Ergonomic (Elsevier Ltd), 2021 (90): 103152.

[21] BIANCHI-BERTHOUZE N. Understanding the role of body movement in player engagement[J]. Human-Computer Interaction, 2013, 28 (1): 40-75.

[22] BLEDOW R, SCHMITT A, FRESE M, et al. The affective shift model of work engagement[J]. Journal of Applied Psychology, 2011, 96 (6): 1246-1257.

[23] BOURAHMOUNE K, AMAGASA T. AI-powered Posture Training: Application of machine learning in sitting posture recognition using the Lifechair smart cushion[C]. IJCAI International Joint Conference on Artificial Intelligence, 2019 (8): 5808-5814.

[24] BRAUN V, CLARKE V. Using thematic analysis in psychology[J]. Qualitative Research in Psychology, 2006, 3 (2): 77-101.

[25] BRENNER M, BROCK H, STIEGLER A, et al. Developing an Engagement-Aware System for the Detection of Unfocused Interaction[C]. 2021 30th IEEE International Conference on Robot & Human Interactive Communication (RO-MAN). IEEE, 2021: 798-805.

[26] BRYMAN A. Social Research Method[M]. 5th ed. New York: Oxford University Press, 2016.

[27] BUCHENAU M, SURI J F. Experience prototyping[C]. Proceedings of the conference on Designing interactive systems processes, practices, methods, and techniques - DIS'00: 424-433.

[28] BURNETT J R, LISK T C. The Future of Employee Engagement: Real-Time Monitoring and Digital Tools for Engaging a Workforce[J]. International Studies of Management and Organization, 2019, 49 (1): 108-119.

[29] CAO Z, HIDALGO G, SIMON T, et al. OpenPose: Realtime Multi-Person 2D Pose Estimation Using Part Affinity Fields[J]. IEEE Transactions on Pattern Analysis and Machine Intelligence, 2021, 43 (1): 172-186.

[30] CHARLES-EDWARDS G D, PAYNE G S, LEACH M O, et al. Effects of residual single-quantum coherences in intermolecular multiple-quantum coherence studies[J]. Journal of Magnetic Resonance, 2004, 166 (2): 215-227.

[31] CHEN C, LIU Z, WAN S, et al. Traffic Flow Prediction Based on Deep Learning in Internet of Vehicles[J]. IEEE Transactions on Intelligent Transportation Systems, 2021, 22 (6): 3776-3789.

[32] CLAYPOOLE V L, SZALMA J L. Examining social facilitation in vigilance: a hit and a miss[J]. Ergonomics, 2017, 60 (11): 1485-1499.

[33] CHRISTINA MI S, GARZA A S, SLAUGHTER J E. Work engagement: A quantitative review and test of its relations with task and contextual performance[J]. Personnel Psychology, 2011, 64 (1): 89-136.

[34] CRESWELL J W. Qualitative Inquiry & Research Design: choosing among five approaches[M]. 2nd ed. Thousand Oaks: Sage Publications, 2007.

[35] CSIKSZENTMIHALYI M. Flow: The classic work on how to achieve happiness[M]. 2nd ed. London: Rider, 2002.

[36] CUMMINGS M L, MASTRACCHIO C, THORNBURG K M, et al. Boredom and Distraction in Multiple Unmanned Vehicle Supervisory Control[J]. Interacting with Computers, 2013, 25 (1): 34-47.

[37] D'MELLO S, CHIPMAN P, GRAESSER A. Posture as a predictor of learner's affective engagement[C]. Proceedings of the 29th Annual Meeting of the Cognitive Science Society, 2007.

[38] DADASHI N, WILSON J R, GOLIGHTLY D, et al. Practical use of work analysis to support rail electrical control rooms: A case of alarm handling', Proceedings of the Institution of Mechanical Engineers[J]. Part F: Journal of Rail and Rapid Transit, 2013, 227 (2): 148-160.

[39] DADASHI N, STEDMON A W, PRIDMORE T P. Semi-automated CCTV surveillance: The effects of system confidence, system accuracy and task complexity on operator vigilance, reliance and workload[J]. Applied Ergonomics, 2013, 44 (5): 730-738.

[40] DEBIE E, ROJAS R F, FIDOCK J, et al. Multimodal Fusion for Objective Assessment of Cognitive Workload: A Review[J]. IEEE Transactions on Cybernetics, 2021, 51 (3): 1542-1555.

[41] DEERY S, IVERSON R, WALSH J. Work relationships in telephone call centres: Understanding emotional exhaustion and employee withdrawal[J]. Journal of Management Studies, 2002, 39 (4): 471-496.

[42] DEHAIS F, PEYSAKHOVICH V, SCANNELLA S, et al. Automation surprise in aviation: Real-time solutions[C]. Conference on Human Factors in Computing Systems-Proceedings, 2015.

[43] DEMEROUTI E, BAKKER A B, NACHREINER F, et al. The job demands-resources model of burnout[J]. Journal of Applied Psychology, 2001, 86 (3): 499-512.

[44] DEMEROUTI E, BAKKER A B, VARDAKOU I, et al. The convergent validity of two burnout instruments: A multitrait-multimethod analysis[J]. European Journal of Psychological Assessment, 2003, 19 (1): 12-23.

[45] DÍAZ C, GUERRA W, HINCAPIÉ M, et al. Description of a system for determining the level of student learning from the posture evaluation[C]. in 2015 10th Computing Colombian Conference (10CCC), 2015: 491-498.

[46] DOBSON K. Human Factors and Ergonomics in Transportation Control Systems[J]. Procedia Manufacturing, 2015: 2913-2920.

[47] EISENHARDT K M. Building Theories from Case Study Research[J]. Academy of Management Review, 1989, 14 (4): 532-550.

[48] ETIKAN I. Comparison of Convenience Sampling and Purposive Sampling [J]. American Journal of Theoretical and Applied Statistics, 2016, 5 (1).

[49] FAIRCLOUGH S H, VENABLES L. Prediction of subjective states from psychophysiology: A multivariate approach[J]. Biological Psychology, 2006, 71 (1): 100-110.

[50] FALLAHI M, MOTAMEDZADE M, HEIDARIMOGHADAM, et al. Effects of mental workload on physiological and subjective responses during traffic density monitoring: A field study[J]. Applied Ergonomics, 2016, 52: 95-103.

[51] FERNANDEZ C P. Employee Engagement[J]. Journal of Public Health Management and Practice, 2007, 13 (5): 524-526.

[52] FERRER J. Employee engagement: Is it organisational commitment renamed?[J]. Victoria, 2005: 1-13.

[53] FORMOSA N, QUDDUS M, ISON S, et al. Predicting real-time traffic conflicts using deep learning[J]. Accident Analysis and Prevention, 2020, 13.

[54] GARBER-BARRON M, MEI SI. Using body movement and posture for emotion detection in non-acted scenarios[C]. 2012 IEEE International Conference on Fuzzy Systems, 2012: 1-8.

[55] GOLAFSHANI N. Understanding Reliability and Validity in Qualitative Research[J]. The Qualitative Report, 2015, 8 (4): 597-607.

[56] GOLDBERG L R. Personality processes and individual differences-An Alternative "Description of Personality": The Big-Five Factor Structure[J]. Journal of Personality and Social Psychology, 1990, 59 (6): 1216-1229.

[57] GOLDBERG P, SÜMER Ö, STÜRMER K, et al. Attentive or Not? Toward a Machine Learning Approach to Assessing Students' Visible Engagement in Classroom Instruction[J]. Educational Psychology Revie, 2021, 33 (1): 27-49.

[58] GOURAUD J, DELORME A, BERBERIAN B. Out of the Loop, in Your Bubble: Mind Wandering Is Independent From Automation Reliability, but Influences Task Engagement[J]. Frontiers in Human Neuroscience, 2018 (12): 1-13.

[59] GUNES H, PICCARDI M. Automatic temporal segment detection and affect recognition from face and body display[J]. IEEE Transactions on Systems, Man and Cybernetics, Part B: Cybernetics, 2009, 39 (1): 64-84.

[60] HAGENDORFF T. The Ethics of AI Ethics: An Evaluation of Guidelines[J]. Minds and Machine, 2020, 30 (1): 99-120.

[61] HANINGTON, B, MARTIN B. Universal Methods of Design: 100 Ways to Explore Complex Problems, Develop Innovative Strategies and Deliver Effective[M]. Universal Methods of Design, 2012.

[62] HARBICH S, HASSENZAHL M. Beyond Task Completion in the Workplace: Execute, Engage, Evolve, Expan[J]. Affect and Emotion in Human-Computer Interaction: From Theory to Applications, 2008: 154-162.

[63] HARBICH S, HASSENZAHL M. User Experience in the Work Domain: A Longitudinal Field Study[J]. Interacting with Computers, 2017, 29 (3): 306-324.

[64] HARWOOD T G, GARRY T. An Overview of Content Analysis[J]. The Marketing Review, 2003, 3 (4): 479-498.

[65] HASSENZAHL M. User experience (U X): Towards an experiential perspective on product quality[C]. Proceedings of the 20th International Conference of the Association Francophone d'Interaction Homme-Machine on - IHM '08, 2008: 11-15.

[66] HASSENZAHL M. User Experience and Experience Design[J]. Interaction-Design.Org, (January), 2011: 1-14.

[67] HELTON W S, NÖSWALL K. Short stress state questionnaire: Factor structure and state change assessment[J]. European Journal of Psychological Assessment, 2010, 31 (1).

[68] HOLLNAGEL E. Cognition as control: A pragmatic approach to the modelling of joint cognitive systems. Control, 2002 (9): 1-23.

[69] HOLLNAGEL E, PARIES J, DAVID D W, et al. Resilience engineering in practice: A guidebook[M]. London: Ashgate, 2011.

[70] HOLLNAGEL E, WOODS D D. Epilogue: Resilience engineering precepts [M]. Resilience Engineering–Concepts and Precepts. London: Ashgate, 2006 (1): 347-358.

[71] IKUMA L H, HARVEY C, TAYLOR C F, et al. A guide for assessing control room operator performance using speed and accuracy, perceived workload, situation awareness, and eye tracking[J]. Journal of Loss Prevention in the Process Industries, 2014 (32): 454-465.

[72] IMBERT J P, HODGETTS H M, PARISE R, et al. Attentional costs and failures in air traffic control notifications[J]. Ergonomics, 2014, 57 (12).

[73] IZSÓ L, ANTAIOVITS M. An observation method for analyzing operators' routine activity in computerized control rooms[J]. International Journal of Occupational Safety and Ergonomics, 1997, 3: 173-189.

[74] JIN L, MITCHELL V, MAY A, et al. Analysis of the Tasks of Control Room Operators Within Chinese Motorway Control Rooms[C]. International Conference on Human-Computer Interaction, 2022: 526-546.

[75] JIN L, MITCHELL V, MAY A. Understanding Engagement in the Workplace: Studying Operators in Chinese Traffic Control Rooms[C]. Design, User Experience, and Usability. Design for Contemporary Interactive Environments, 2020: 653-665.

[76] JUDGE T A, EREZ A, BONO J E, et al. The core self-evaluations scale: Development of a measure[J]. Personnel Psychology, 2003, 56 (2): 303-331.

[77] KAASINEN E, ROTO V, HAKULINEN J, et al. Defining user experience goals to guide the design of industrial systems[J]. Behaviour and Information Technology, 2015, 34 (10): 976-991.

[78] KIRWAN B, AINSWORTH L. A Guide To Task Analysis[M]. London: Taylor & Francis, 1992.

[79] KAHN W A. Psychological conditions of personal engagement and disengagement at work[J]. Academy of Management Journal, 1990, 33 (4): 692-724.

[80] Kankainen A. UCPCD: User-centered product concept design [C]. Proceedings of the 2003 Conference on Designing for User Experiences, New York: ACM, 2003: 1-13.

[81] KAUR A, GHOSH B, SINGH N D, et al. Domain Adaptation based Topic Modeling Techniques for Engagement Estimation in the Wild[C]. 2019 14th IEEE International Conference on Automatic Face & Gesture Recognition (FG 2019), 2019: 1-6.

[82] KAWULICH B. Collecting Data Through Observation[J]. Katalog BPS, XXXIII (2), 2014: 81-87.

[83] KELLY P A, HAIDET P, SCHNEIDER V, et al. A Comparison of In-Class Learner Engagement Across Lecture, Problem-Based Learning, and Team Learning Using the STROBE Classroom Observation Tool[J]. Teaching and Learning in Medicine, 2005, 17 (2): 112-118.

[84] KLEIN R, CELIK T. The Wits Intelligent Teaching System: Detecting student engagement during lectures using convolutional neural networks[C]. 2017 IEEE International Conference on Image Processing (ICIP), 2017: 2856-2860.

[85] KRIEGESKORTE N, SIMMONS W K, BELLGOWAN P S, et al. Circular analysis in systems neuroscience: the dangers of double dipping.Nature neuroscience, 2009, 12 (5): 535-540.

[86] KOSKINEN H, KARVONEN H, TOKKONEN H. User Experience Targets As Design Drivers: A Case Study on the Development of a Remote Crane Operator Station[C]. Proceedings of the 31st European Conference on Cognitive Ergonomics, 2013: 1-25.

[87] LATVALA E, VUOKILA-OIKKONEN P, JANHONEN S. Videotaped recording as a method of participant observation in psychiatric nursing research[J]. Journal of Advanced Nursing, 2000, 31 (5): 1252-1257.

[88] LEE R T, ASHFORTH B E. A meta-analytic examination of the correlates of the three dimensions of job burnout[J]. Journal of Applied Psychology, 1996, 81 (2): 123-133.

[89] LEITER M P, MASLACH C. Areas of Worklife: a Structured Approach To Organizational Predictors of Job Burnout[J]. Research in Occupational Stress and Well Being, 2003, 3 (1): 91-134.

[90] LIU G, ZHOU D, XU H, et al. Model optimization of SVM for a fermentation soft sensor' Expert Systems with Applications, 2010, 37 (4): 2708-2713.

[91] MALINOWSKA D, TOKARZ A, WARDZICHOWSKA A. Job autonomy in relation to work engagement and workaholism: Mediation of autonomous and controlled work motivation[J]. International Journal of Occupational Medicine and Environmental Health, 2018, 31 (4): 445-458.

[92] MASLACH C, JACKSON S E. The measurement of experienced burnout[J]. Journal of Organizational Behavior, 1981, 2 (2): 99-113.

[93] MASLACH C, JACKSON S E. Patterns of burnout among a national sample of public contact workers[J]. Journal of Health and Human Resources Administration, 1984, 7 (2): 189-212.

[94] MASLACH C, LEITER M P. The truth about burnout: How organizations cause personal stress and what to do about it[M]. New York: Atlantic, 1997.

[95] MASLACH C, SCHAUFELI W B, LEITER M P. Job Burnout[J]. Annual Review of Psychology, 2001, 52 (1): 397-422.

[96] MATTHEWS G, JOYNER L, GILLILAND K, et al. Validation of a comprehensive stress state questionnaire: Towards a state "Big Three"? BT-Personality Psychology in Europe[J]. Personality Psychology in Europe, 1999, 7 (7): 335-350.

[97] MATTHEWS G, CAMPBELL S E, FALCONER S, et al. Fundamental Dimensions of Subjective State in Performance Settings: Task Engagement, Distress and Worry[J]. Emotion, 2002, 2 (4): 315-340.

[98] MATTHEWS G, WARM J S, SMITH A P. Task Engagement and Attentional Resources: Multivariate Models for Individual Differences and Stress Factors in Vigilance[J]. Human Factors, 2017, 59 (1): 44-61.

[99] MAY A, MITCHELL V, PIPER J. A user centred design evaluation of the potential benefits of advanced wireless sensor networks for fire-in-tunnel emergency response[J]. Fire Safety Journal, 2014, 63: 79-88.

[100] MAY D R, GILSON R L, HARTER L M. The psychological conditions of meaningfulness, safety and availability and the engagement of the human spirit at work[J]. Journal of Occupational and Organizational Psychology, 2004, 77 (1): 11-37.

[101] MCINTIRE L K, MCKINLEY R A, GOODYEAR C, et al. Detection of vigilance performance using eye blinks[J]. Applied Ergonomic, 2014, 45 (2): 354-362.

[102] MILLER K A, DECI E L, RYAN R M. Intrinsic Motivation and Self-Determination in Human Behavior[J]. Contemporary Sociology, 1988, 17 (2).

[103] MIRSKY S. Gorilla in Our Midst[J]. Scientific American, 1998, 279 (1): 28-28.

[104] MKRTCHYAN A A, MACBETH J C, SOLOVEY E T, et al. Using variable-rate alerting to counter boredom in human supervisory control[C]. Proceedings of the Human Factors and Ergonomics Society, 2012: 1441-1445.

[105] MORGAN S J, PULLON S R, MACDONALD L M, et al. Case study observational research: A framework for conducting case study research where observation data are the focus[J]. Qualitative Health Research, 2017, 27 (7): 1060-1068.

[106] MULHALL A. In the field: Notes on observation in qualitative research[J]. Journal of Advanced Nursing, 2003, 41 (3): 306-313.

[107] NEIGEL A R, CLAYPOOLE V L, SMITH S L, et al. Engaging the human operator: a review of the theoretical support for the vigilance decrement and a discussion of practical applications[J]. Theoretical Issues in Ergonomics Science, 2020, 21 (2): 239-258.

[108] NORRIS C, ARMSTRONG G. CCTV and the Social Structuring of Surveillance [M]. Surveillance, Crime and Social Control. London: Routledge, 2017: 81-102.

[109] NAKAJIMA C. Posture recognition of nuclear power plant operators by supervised learning[C]. 2004 International Conference on Image Processing. Piscataway: IEEE, 2004: 877-880.

[110] O'MALLEY K J, MORAN B J, HAIDET P, et al. Validation of an observation instrument for measuring student engagement in health professions settings[J]. Evaluation and the Health Professions, 2003, 26 (1): 86-103.

[111] OLIVEIRA L C, BIRRELL S, CAIN R. Journey mapping from a crew's perspective: Understanding rail experiences[J]. Applied Ergonomics, 2020: 103063.

[112] PEPPA M V, BELL D, KOMAR T, et al. Urban traffic flow analysis based on deep learning car detection from CCTV image series [C]. International Archives of the Photogrammetry, Remote Sensing and Spatial Information Sciences - ISPRS Archives, 2018, 42 (4): 565-572.

[113] POP V L, STEARMAN E J, KAZI S, et al. Using Engagement to Negate Vigilance Decrements in the NextGen Environment [J]. International Journal of Human-Computer Interaction, 2012, 28 (2): 99-106.

[114] RAJAVENKATANARAYANAN A., BABU A R, TSIAKAS K, et al. Monitoring task engagement using facial expressions and body postures [C]. Proceedings of the 3rd International Workshop on Interactive and Spatial Computing-IWISC'18. New York: ACM Press, 2018: 103-108.

[115] RAN X, WANG C, XIAO Y, et al. A portable sitting posture monitoring system based on a pressure sensor array and machine learning[J]. Sensors and Actuators, A: Physical, 2021 (331): 112900.

[116] REEVE J, JANG H, CARRELL D, et al. Enhancing Students'Engagement by Increasing Teachers'Autonomy Support [J]. Motivation and Emotion, 2004, 28 (2): 147-169.

[117] REID D. Mindfulness and flow in occupational engagement: Presence in doing [J]. Canadian Journal of Occupational Therapy, 2011, 78 (1): 50-56.

[118] REINERMAN-JONES L, MATTHEWS G, MERCADO J E. Detection tasks in nuclear power plant operation: Vigilance decrement and physiological workload monitoring [J]. Safety Science, 2016, 88: 97-107.

[119] REN W, MA O, JI H, et al. Human posture recognition using a hybrid of fuzzy logic and machine learning approaches [J]. IEEE Access, 2020 (8): 135628-135639.

[120] ROBERTSON I T, COOPER C L. Full engagement: the integration of employee engagement and psychological well-being[J]. Leadership & Organization Development Journal, 2010, 31 (4): 324-336.

[121] ROCHLIN G I. Safe operation as a social construct [J]. Ergonomics, 1999, 42 (11): 1549-1560.

[122] ROBSON C. Real World Research: A resource for Social Scientists and Practioner- Researchers[M]. 2rd edn. UK: John Wiley & Sons Inc, 2002.

[123] ROSS T, MAY A, COCKBILL S A. The personal and contextual factors that affect customer experience during rail service failures and the implications for service design[J]. Applied Ergonomics, 2020, 86.

[124] ROTO V, PALANQUE P, KARVONEN H. Engaging Automation at Work–A Literature Review[M]. Human work interaction design: Designing engaging automation. Cham: Springer, 2019: 158-172.

[125] ROY R N, BOVO A, GATEAU T, et al. Operator Engagement During Prolonged Simulated UAV Operation [C]. IFAC-PapersOnLine. Amsterdam: Elsevier, 2016, 49 (32): 171-176.

[126] ROY R, WARREN J P. Card-based design tools: A review and analysis of 155 card decks for designers and designing [J]. Design Studies, 2019, 63: 125-154.

[127] ROZIN P, COHEN A B. High Frequency of Facial Expressions Corresponding to Confusion, Concentration, and Worry in an Analysis of Naturally Occurring Facial Expressions of Americans [J]. Emotion, 2003, 3 (1).

[128] RYAN R M, DECI E L. Self-determination theory and the facilitation of intrinsic motivation, social development, and well-being[J]. American Psychologist, 2000, 55 (1).

[129] SAINT-LOT J, IMBERT J P, DEHAIS F. Red Alert: A Cognitive Countermeasure to Mitigate Attentional Tunneling[C]. Conference on Human Factors in Computing Systems. New York: ACM, 2010.

[130] SAKS A M. Antecedents and consequences of employee engagement[J]. Journal of Managerial Psychology, 2006, 21 (7): 600-619.

[131] SALMON P, JENKINS D, STANTON N, et al. Hierarchical task analysis vs. cognitive work analysis: comparison of theory, methodology and contribution to system design[J]. Theoretical Issues in Ergonomics Science, 2010, 11 (6): 504-531.

[132] SANGHVI J, CASTELLANO G, LEITE I, et al. Automatic analysis of affective postures and body motion to detect engagement with a game companion[C]. Proceedings of the 6th international conference on Human-robot interaction. New York: ACM, 2011 (11): 305.

[133] SARIKAN S S, OZBAYOGLU A M. Anomaly detection in vehicle traffic with image processing and machine learning [J]. Procedia Computer Science, 2018 (140): 64-69.

[134] SAUNDERS M N K, LEWIS P, THORNHILL A. Research Methods for Business Students'Chapter 4: Understanding research philosophy and approaches to theory development [M]. Research Methods for Business Students 8th ed. Harlow: Pearson Education, 2019: 128-171.

[135] SAVIOJA P, LIINASUO M, KOSKINEN H. User experience: does it matter in complex systems? [J]. Cognition, Technology & Work, 2014, 16 (4): 429-449.

[136] SCHAEFFER J, LINDELL R. Emotions in design: Considering user experience for tangible and ambient interaction in control rooms[J]. Information Design Journal, 2016, 22 (1): 19-31.

[137] SCHAUFELI W B, SALANOVA M, GONZÁLEZ-ROMÁ V, et al. The Measurement of Engagement and Burnout: A Two Sample Confirmatory Factor Analytic Approach[J]. Journal of Happiness studies, 2002, 3 (1): 71-92.

[138] SCHAUFELI W B, BAKKER A B. Job demands, job resources, and their relationship with burnout and engagement: A multi-sample study[J]. Journal of Organizational Behavior, 2004, 25 (3): 293-315.

[139] SCHAUFELI W B, BAKKER A B, SALANOVA M. The measurement of work engagement with a short questionnaire: A cross-national study[J]. Educational and Psychological Measurement, 2006, 66 (4): 701-716.

[140] SCHAUFELI W B, RHENEN W. VAN. Workaholism, Burnout, and Work Engagement : Three of a Kind or Three Different Kinds of Employee Well-being ?[J]. Applied Psychology, 2008, 57 (2): 173-203.

[141] SCHAUFELI W, BAKKER A B. Utrecht work engagement scale: Preliminary manual[R]. Utrecht: Occupational Health Psychology Unit, Utrecht University, 2003 (11).

[142] SELIGMAN M E P. Positive psychology, positive prevention, and positive therapy[M]. Handbook of positive psychology. New York: Oxford University Press, 2002.

[143] SHAHEEN A, FAROOQI Y A. Relationship among employee motivation, employee commitment, job involvement, employee engagement: A case study of university of Gujrat, Pakistan[J]. International Journal of Multidisciplinary Sciences and Engineering, 2014, 5 (9): 12-18.

[144] SHEPHERD A. HTA as a framework for task analysis[J]. Ergonomics, 1998, 41 (11): 1537-1552.

[145] SHIMAZU A, SCHAUFELI W B, KAMIYAMA K, et al. Workaholism vs. work engagement: The two different predictors of future well-being and performance[J]. International journal of behavioral medicine, 2015 (22): 18-23.

[146] SHUCK B, GHOSH R, ZIGARMI D, et al. The jingle jangle of employee engagement: Further exploration of the emerging construct and implications for workplace learning and performance [J]. Human Resource Development Review, 2013, 12 (1): 11-35.

[147] SIMONSEN E, OSVALDER A L. Aspects of the Nuclear Power Plant Control Room System Contributing to Safe Operation [J]. Procedia Manufacturing, 2015, 3: 1248-1255.

[148] SIMPSON M R. Engagement at work: A review of the literature[J]. International Journal of Nursing Studies, 2009, 46 (7): 1012-1024.

[149] SMITH, C. An employee's best friend? How AI can boost employee engagement and performance [J]. Strategic HR Review, 2019, 18 (1): 17-20.

[150] SMITH G J. Behind the screens: Examining constructions of deviance and informal practices among CCTV control room operators in the UK[J]. Surveillance & Society, 2004 (2).

[151] SMITH P, BLANDFORD A, BACK J. Questioning, exploring, narrating and playing in the control room to maintain system safety[J]. Cognition, Technology and Work, 2009, 11 (4): 279-291.

[152] SMITH P C, KENDALL L M, HULIN C L. Measurement of satisfaction in work and retirement[M]. Chicago: Rand McNally, 1969.

[153] SOANE E, TRUSS C, ALFES K, et al. Development and application of a new measure of employee engagement: the ISA Engagement Scale[J]. Human Resource Development International, 2012, 15 (5): 529-547.

[154] SONNENTAG S, DORMANN C, DEMEROUTI E. Not all days are created equal: The concept of state work engagement[M]. New York: Psychology Press, 2010.

[155] SORENSON S. How Employee Engagement Drives Growth[J]. Gallup Business Journal, 2013.

[156] SORENSON S, GARMAN K. How to tackle U.S. employees'stagnating engagement[J]. Gallup Business Journal, 2013.

[157] STANTON N A. Hierarchical task analysis: Developments, applications, and extensions[J]. Applied Ergonomics, 2006, 37 (1): 55-79.

[158] STARKE S D, BABER C, COOKE N J, et al. Workflows and individual differences during visually guided routine tasks in a road traffic management control room[J]. Applied Ergonomic, 2017, 61: 79-89.

[159] STEPHENS C, DEHAIS F, ROY R N, et al. Biocybernetic adaptation strategies: Machine awareness of human engagement for improved operational performance[C]. Lecture Notes in Computer Science (including subseries Lecture Notes in Artificial Intelligence and Lecture Notes in Bioinformatics). Cham: Springer, 2018 (10915): 89–98.

[160] STEVENS-ADAMS S, COLE K, HAASS M, et al. Situation Awareness and Automation in the Electric Grid Control Room [J]. Procedia Manufacturing, 2015 (3).

[161] TURNER D. Qualitative Interview Design: A Practical Guide for Novice Investigators [J]. The Qualitative Report, 2014, 15 (3): 5-6.

[162] VILLA M, GOFMAN M, MITRA S, et al. A Survey of Biometric and Machine Learning Methods for Tracking Students'Attention and Engagement[C]. 2020 19th IEEE International Conference on Machine Learning and Applications (ICMLA). Piscataway: IEEE, 2020: 948-955.

[163] VREEKE G J, VAN DER MARK I L. Empathy, an integrative model [J]. New Ideas in Psychology, 2003, 21 (3): 177-207.

[164] WALSHE C, EWING G, GRIFFITHS J. Using observation as a data collection method to help understand patient and professional roles and actions in palliative care settings [J]. Palliative Medicine, 2012, 26 (8): 1048-1054.

[165] WHITEHILL J, SERPELL Z, LIN Y C, et al. The faces of engagement: Automatic recognition of student engagement from facial expressions [J]. IEEE Transactions on Affective Computing. IEEE, 2014, 5 (1): 86-98.

[166] WICKENS C D. Multiple resources and performance prediction[J]. Theoretical Issues in Ergonomics Science, 2002, 3 (2).

[167] WICKENS C D. Attentional tunneling and task management[C]. Proceedings of the 13th International Symposium on Aviation Psychology, 2005, 12: 1-11.

[168] WOOD B K, HOJNOSKI R L, LARACY S D, et al. Comparison of Observational Methods and Their Relation to Ratings of Engagement in Young Children[J]. Topics in Early Childhood Special Education, 2016, 35 (4): 211-222.

[169] WRIGHT J L, CHEN J Y C, BARNES M J. Human–automation interaction for multiple robot control: the effect of varying automation assistance and individual differences on operator performance[J]. Ergonomics. Taylor & Francis, 2018 61 (8)1033-1045.

[170] YONEKURA S, KAJIWARA Y, SHIMAKAWA H. Mood Prediction Reflecting Emotion State to Improve Mental Health[J]. International Journal of Computing, Communication and Instrumentation Engineering, 2016, 3 (2): 1-4.

[171] YOUSIF ALI M S, ALI HASABALLAH A H. Employee Engagement: The Key to Improving Performance Solomon[J]. International Journal of Management, 2010, 11 (4): 108-126.

[172] YUAN Z, LI Y, TETRICK L E. Job hindrances, job resources, and safety performance: The mediating role of job engagement[J]. Applied Ergonomics, 2015 (51): 163-171.

[173] ZERBE W J, PAULHUS D L. Socially Desirable Responding in Organizational Behavior: A Reconception[J]. Academy of Management Review, 1987, 12 (2): 250-264.

附录 1

以下是部分从文献和官方文件中获取的任务信息案例

F情报板	2020年11月07日08时36分41秒	前方施工　　封闭超车道#请减速
F情报板	2020年11月07日08时38分12秒	前方3公里　　施工#封闭超车道　　请减速
门架情报板	2020年11月07日08时47分51秒	前方1公里施工#封闭超车道 请减速
门架情报板	2020年11月07日08时50分15秒	安全生产 人人有责
门架情报板	2020年11月07日08时50分17秒	安全生产 人人有责
门架情报板	2020年11月07日08时50分46秒	安全生产 人人有责
F情报板	2020年11月07日08时52分30秒	雾天行车 请开雾灯#前方7公里施工#封闭超车道　请减速
门架情报板	2020年11月07日08时53分41秒	雾天行车 请开雾灯#前方11公里 施工#封闭超车道 请减速
门架情报板	2020年11月07日08时54分29秒	前方17公里#封闭超车道 请减速
F情报板	2020年11月07日08时57分29秒	前方17公里施工借道请减速#前方4公里 施工#封闭行车道 请减速
门架情报板	2020年11月07日08时58分18秒	前方27公里施工借道请减速#前方14公里 施工#封闭行车道 请减速
门架情报板	2020年11月07日09时07分43秒	雾天行车 请开雾灯
F情报板	2020年11月07日09时07分43秒	雾天行车　　请开雾灯
门架情报板	2020年11月07日09时07分43秒	雾天行车 请开雾灯
门架情报板	2020年11月07日09时07分43秒	雾天行车 请开雾灯
F情报板	2020年11月07日09时07分43秒	雾天行车　　请开雾灯
F情报板	2020年11月07日09时07分43秒	雾天行车　　请开雾灯
F情报板	2020年11月07日09时07分43秒	雾天行车　　请开雾灯
F情报板	2020年11月07日09时07分43秒	雾天行车　　请开雾灯
门架情报板	2020年11月07日09时07分43秒	雾天行车 请开雾灯
F情报板	2020年11月07日09时07分43秒	雾天行车　请开雾灯
F情报板	2020年11月07日09时07分43秒	雾天行车　　请开雾灯
门架情报板	2020年11月07日09时07分43秒	雾天行车 请开雾灯
F情报板	2020年11月07日09时07分43秒	雾天行车 请开雾灯
门架情报板	2020年11月07日09时07分43秒	雾天行车 请开雾灯
F情报板	2020年11月07日09时07分43秒	雾天行车　　请开雾灯
F情报板	2020年11月07日09时07分43秒	雾天行车　　请开雾灯
F情报板	2020年11月07日09时07分43秒	雾天行车　　请开雾灯
门架情报板	2020年11月07日09时07分43秒	雾天行车 请开雾灯
F情报板	2020年11月07日09时07分43秒	雾天行车　　请开雾灯
门架情报板	2020年11月07日09时07分43秒	雾天行车 请开雾灯

附录2　卡片分类

以下卡片上的内容是分配给高速公路监控员的任务名称。在与监控员面谈时，可利用这些卡片为他们提供任务选项。这些卡片用于第 4 章。

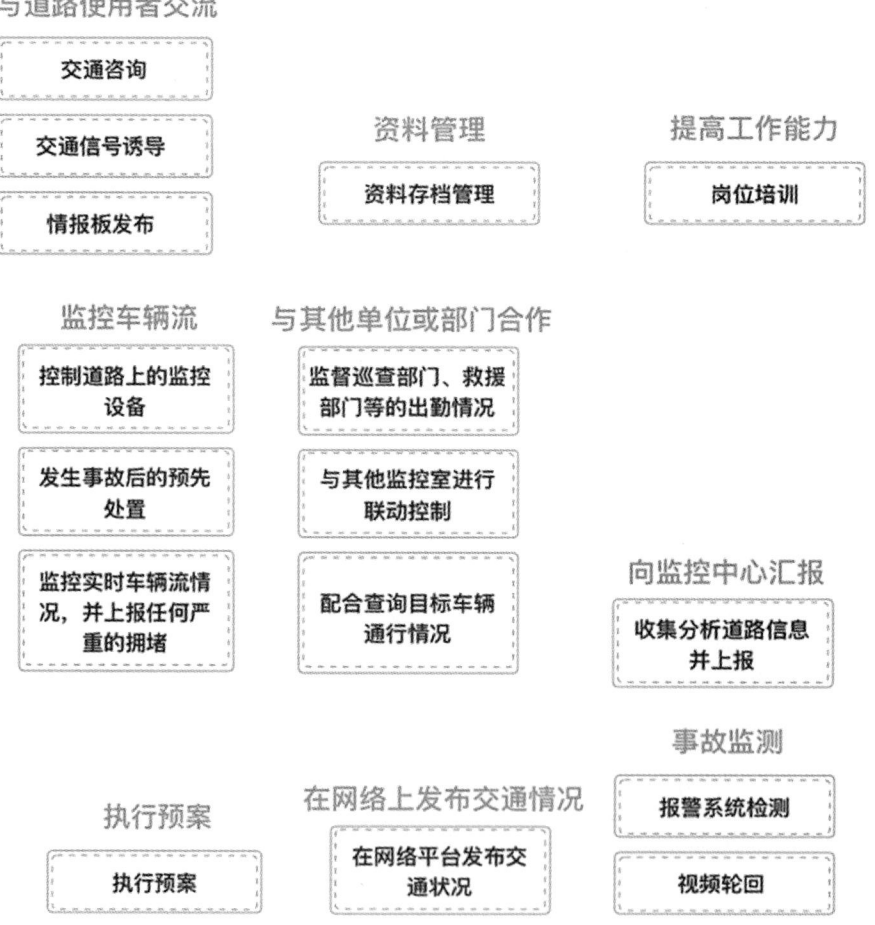

附录3 简要任务程序

以下这些图表代表了目标任务的简洁工作流程,由研究者根据收集到的数据编制而成,旨在方便受访者验证任务流程,并表达他们在执行任务时的观点和经验。

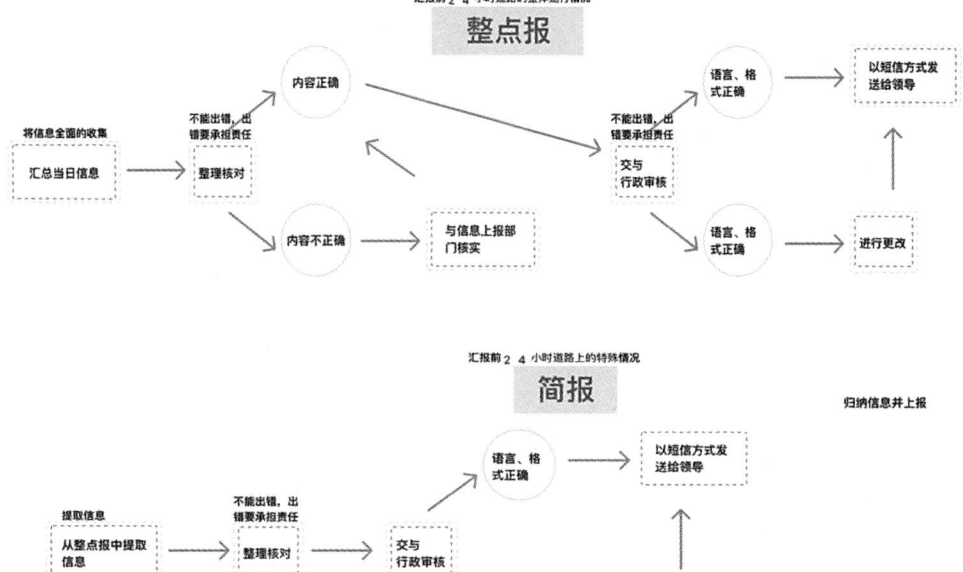

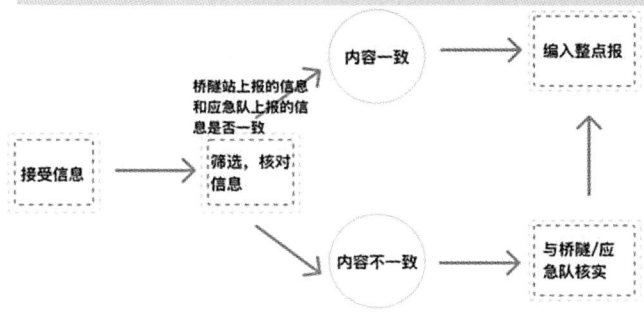

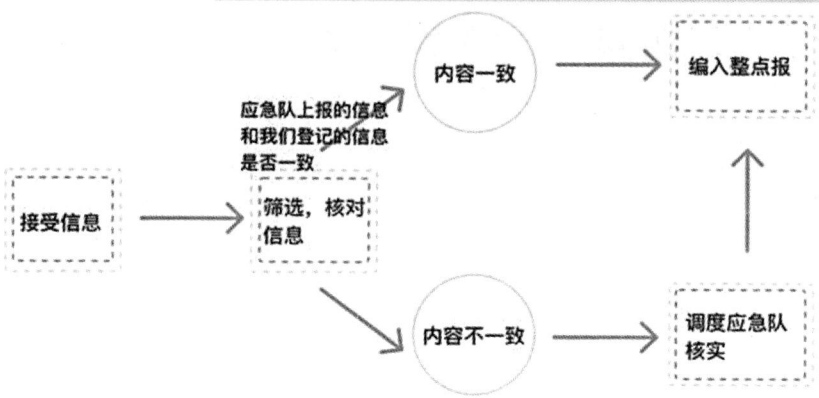

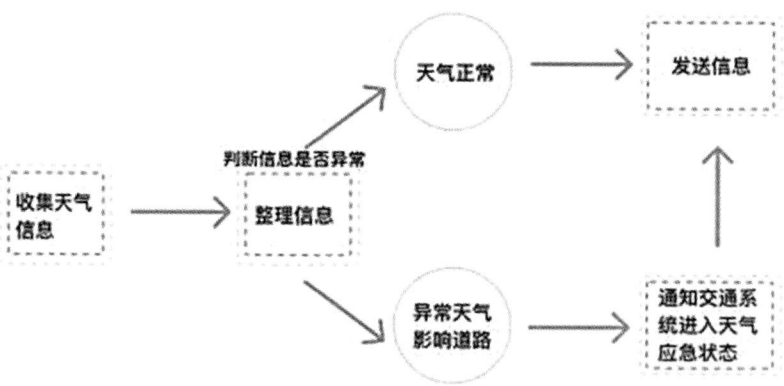

附 录

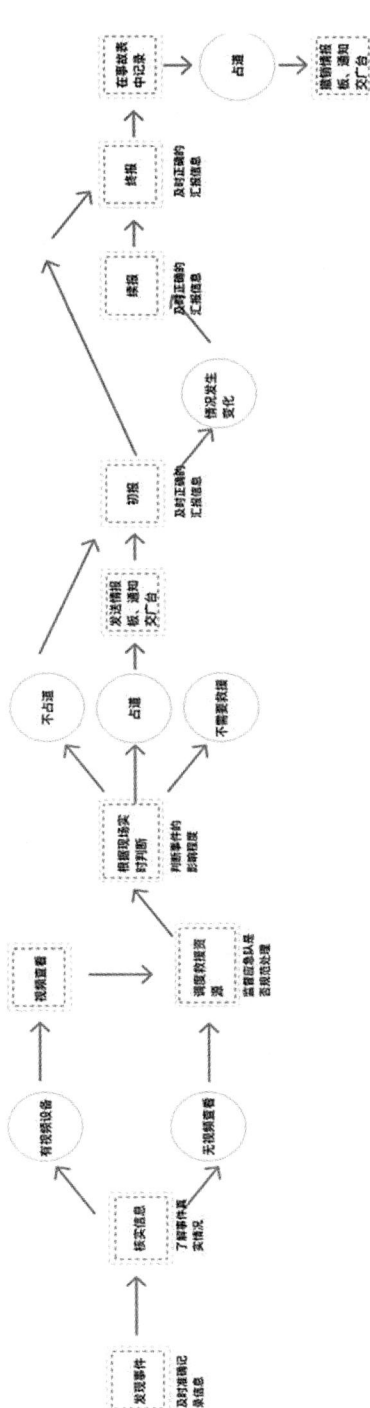

141

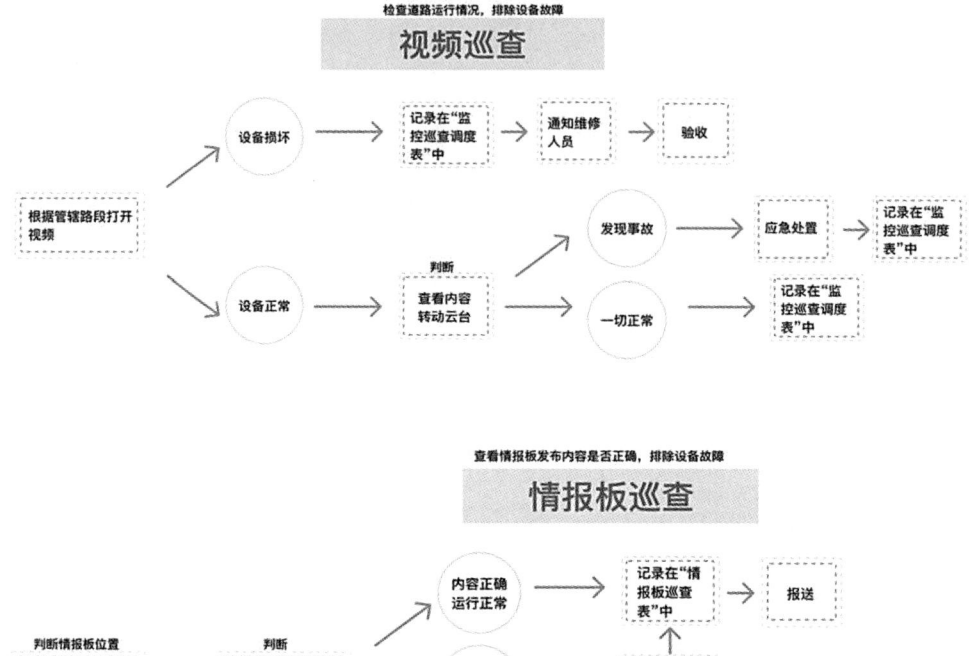

附录 4 拍摄时间

下表显示了第 6 章和第 7 章中记录的每位参与者的持续时间、位置和班次。

参与者	职位	轮班	观测时间/记录时间（时：分：秒）
参与者 A	应急响应	日班	01:30:41
参与者 B	应急响应	日班	02:35:37
与会者 C	应急响应	日班	02:28:10
与会者 D	应急响应	日班	00:30:00
与会者 E	每日监测	夜班	02:51:20
与会者 F	每日监测	夜班	02:28:35
与会者 G	每日监测	夜班	02:49:06
与会者 H	每日监测	夜班	01:30:51
参与者 I	应急响应	夜班	01:01:47
与会者 J	应急响应	夜班	01:03:27
与会者 K	应急响应	夜班	00:36:38
参与者 R	应急响应	夜班	02:24:17
与会者 M	每日监测	日班	02:15:15
参与者 N	每日监测	日班	03:00:33
参与者 O	每日监测	日班	00:51:24

附录 5　监控员的操作记录和道路状况记录

以下附图是运营方的运营记录和道路状况记录的示例。这些记录包括各种要素，例如向情报板传送信息的时间和内容、高速公路巡逻记录、道路工程记录、事故应对描述、隧道停电时间戳以及救援服务活动的全面细节。在第 6 章中利用这些宝贵的记录来阐明监控员的行为和思维过程。

Number	City	Road	Category	Location	Direction	Equipment	State	Content
19	City A		K1341道路工作点			F33	Damaged	Drive carefully in rainy weather.
28	City A	Road A	K1340+950	K1340+950	Down	F33	Damaged	Drive carefully in rainy weather.
29	City A	Road A	K1343	K1343	Up	F33	Damaged	Drive carefully in rainy weather.
30	City A	Road A	K1342	K1342	Up	F33	Damaged	Drive carefully in rainy weather.
48	City A	Road A	K1942+450	K1942+450	Up	F33	Damaged	Drive carefully in rainy weather.
55	City A	Road A	K1876+900	K1876+900	Down	F33	Damaged	Drive carefully in rainy weather.
67	City A	Road A	K1944+520	K1944+520	Up	F33	Damaged	Drive carefully in rainy weather.
68	City A	Road A	K1952+750	K1952+750	Up	F33	Damaged	Drive carefully in rainy weather.
115	City A	Road A	K36	K36	Down	F33	Damaged	Drive carefully in rainy weather.

附图 1　运行记录

Time	Incident	Description	Vechile
17:04	Incident on Highway G7521, a truck has broken down, no casualties reported.	Initiating crane operation for rescue.	2 Bus
5:45	Incident on Highway G7521, a truck has broken down, no casualties reported.	Initiating crane operation for rescue.	1 Bus
12:08	Incident on Highway G7521, a truck has broken down, no casualties reported.	Initiating crane operation for rescue.	1 Bus
14:20	Incident on Highway G7521, a truck has broken down, no casualties reported.	Initiating crane operation for rescue.	
5:00	Incident on Highway G7521, a truck has broken down, no casualties reported.	Initiating crane operation for rescue.	1 Bus

附图 2　道路状况记录

附录6 支持向量机的原理

以下内容旨在阐明支持向量机（SVM）的原理，以增强研究的可读性。这部分材料将在第6章中使用。

SVM是一种广泛使用的监督学习算法，用于解决二元分类和多类分类问题。其基本原理是找到一个最佳超平面（或在非线性情况下最佳超平面的近似值），从而有效地分离属于不同类别的数据实例。

SVM的工作原理可归纳为以下几个关键步骤：

（1）数据表示：数据实例用特征向量表示，其中每个特征代表实例的特定属性或测量值。

（2）发现最佳超平面：SVM的目标是发现一个最佳超平面，它不仅能分隔不同类别的数据实例，还能使超平面与每个类别的最近数据点之间的边际最大化，这些最近的数据点被称为支持向量。

（3）分类预测：一旦确定了最佳超平面，就可以利用它将新的、未标记的数据实例划分为不同的类别。通过计算新实例与超平面的距离来确定其所属类别。

为了完成上述步骤，SVM利用了几个关键概念和技术，包括：

（1）核函数：在涉及非线性的情况下，SVM采用核函数将数据从原始特征空间映射到高维特征空间，这样就能在转换后的空间中发现一个线性可分离的超平面。

（2）边际最大化：SVM的目标是最大化超平面与最近数据点之间的边际。通过最大化边际，分类器的鲁棒性和泛化能力都会得到增强。

（3）软边际和惩罚条款：在现实世界中，可能不存在完美的线性可分性。为了适应误分类误差，SVM引入了软边际和惩罚项的概念，这有助于在边际最大化和误分类控制之间取得平衡。

SVM是一种强大而灵活的分类算法，以其强大的泛化性能而著称。它在处理高维数据、解决非线性问题以及处理数据样本有限的情况时表现出色。

附录 7 评分示例

在第 6 章中，为了给每个视频中的监控员分配适当的投入度，由一名观察者在观察视频时使用第 5 章中五个投入度特征对每个监控员的工作投入度进行评估。这些分数被用于训练机器学习模型。以下摘录了一些投入度评分的例子。表格的第一列记录了秒数，第二列表示视频的时间进程，格式为"小时：分钟：秒"。第三列表示评分者给出的投入度评级。

	Vedio	
	Time	State
3	0:00:01	1
4	0:00:02	1
5	0:00:03	1
6	0:00:04	1
7	0:00:05	1
8	0:00:06	1
9	0:00:07	1
10	0:00:08	1
11	0:00:09	1
12	0:00:10	1
13	0:00:11	1
14	0:00:12	1
15	0:00:13	1
16	0:00:14	1
17	0:00:15	1
18	0:00:16	1
19	0:00:17	1
20	0:00:18	1
21	0:00:19	1
22	0:00:20	1
23	0:00:21	1
24	0:00:22	1
25	0:00:23	1
26	0:00:24	1
27	0:00:25	1
28	0:00:26	1
29	0:00:27	1
30	0:00:28	1
31	0:00:29	1
32	0:00:30	1
33	0:00:31	1
34	0:00:32	1

附录 8　编码示例

以下是第 6 章中用于分析的 Python 代码的一部分：

1. # 导入必要的模块
2. **from** readcsv **import** readx, ready, plot_dataset3D, plot_predict3D, plot_ dataset2D, plot_predict2D
3. 导入 numpy 为 np
4. **import** matplotlib.pyplot as plt
5. **from** matplotlib **import** gridspec
6. 从 mpl_toolkits.mplot3d 导入 axes3d
7. 从 sklearn.svm 导入 SVC
8. 从 sklearn.model_selection 导入 train_test_split
9. 从 sklearn.model_selection 导入 GridSearchCV
10. **from** sklearn.metrics **import** classification_report
11. **from** sklearn.metrics **import** confusion_matrix
12. 从 sklearn.metrics 导入 ConfusionMatrixDisplay
13.
14. # 指定输入文件（包括态势信息和投入度评级）和输出文件（包括混淆矩阵、分类报告和可视化图像）的目录和文件名
15. filepath = "F:\Design Research\recording clip 1\"
16. 文件名 = "dataset.csv"
17. cmpic = "ConfusionMatrix.png"
18. resultname = "ClassificationReport.txt"
19. resultpic = "DecisionBoundary.png"
20.
21. # 读取整个数据集并打开分类报告以保存结果
22. X = np.array (readx (filepath+filename,[1,2,3,4,5,6])) .astype (float)
23. Y = np.array (ready (filepath+filename)) .astype (int)
24. outputtxt = open (filepath+resultname, 'a+')
25.

26. # 随机分割训练数据集和测试数据集
27. 打印 ("开始分割)
28. X_train,X_test,Y_train,Y_test=train_test_split (X,Y,test_size=0.25,random_state=2020)
29.
30. # 调整 SVM 模型的参数
31. **print** ("start set param", file=outputtxt)
32. param_grid ={'C':[1e3,5e3,1e4,5e4,1e5], 'gamma':[0.0001,0.0005,0.001, 0.005,0.01,0.1,1,10,100,1000,10000],}
33. clf = GridSearchCV (SVC (kernel='rbf') ,param_grid)
34.
35. # 训练 SVM 模型
36. **print** ("start fit")
37. **print** ("start fit", file=outputtxt)
38. clf = clf.fit (X_train,Y_train)
39.
40. # 保存最佳参数
41. **print** ("Best estimotor found by grid search:", file=outputtxt)
42. **print** (clf.best_estimator_, file=outputtxt)
43. **print** ("Predicting engagement on the test set", file=outputtxt)
44.
45. # 测试 SVM 模型
46. Y_pred = clf.predict (X_test)
47.
48. # 保存分类报告和混淆矩阵
49. **print** (classification_report (Y_test,Y_pred) , file=outputtxt)
50. **print** (confusion_matrix (Y_test,Y_pred))
51. disp = ConfusionMatrixDisplay (confusion_matrix=confusion_matrix (Y_test,Y_pred) , display_labels=clf.classes_)
52. disp.plot (cmap = 'PuBuGn')
53. plt.savefig (filepath+cmpic, dpi=700)
54. plt.show ()
55. **print** (confusion_matrix (Y_test,Y_pred) , file=outputtxt)
56. outputtxt.close ()

57.
58. # 可视化测试数据集和决策边界
59. X_Nose = X_test[:, 0:2]
60. X_Neck = X_test[:, 2:4]
61. X_RShoulder = X_test[:, 4:6]
62.
63. plt.figure (figsize= (9, 9))
64. gs = gridspec.GridSpec (3, 2, width_ratios=[1.78, 1])
65. pic_nose = plt.subplot (gs[0], projection='3d')
66. pic_nose.set_title ('The SVM training result from the aspect\n of nose position in 3D perspective')
67. plot_dataset3D (X_Nose, Y_test, [X_Nose.min (axis=0) [0] * 0.9, X_Nose. max (axis=0) [0] * 1.1, X_Nose.min (axis=0) [1] * 0.9, X_Nose.max (axis=0) [1] * 1.1, -1, 4], pic_nose)
68. plot_predict3D (clf, X_test, [0, 1], pic_nose)
69. plt.subplot (gs[1])
70. plt.title ('The SVM training result from the aspect\n of nose position in 2D perspective')
71. plot_dataset2D (X_Nose, Y_test, [X_Nose.min (axis=0) [0] * 0.9, X_Nose. max (axis=0) [0] * 1.1, X_Nose.min (axis=0) [1] * 0.9, X_Nose.max (axis=0) [1] * 1.1])
72. plot_predict2D (clf, X_test, [0, 1])
73. pic_neck = plt.subplot (gs[2], projection='3d')
74. pic_neck.set_title ('The SVM training result from the aspect\n of neck position in 3D perspective')
75. plot_dataset3D (X_Neck, Y_test, [X_Neck.min (axis=0) [0] * 0.9, X_Neck. max (axis=0) [0] * 1.1, X_Neck.min (axis=0) [1] * 0.9, X_Neck.max (axis=0) [1] * 1.1, -1, 4], pic_neck)
76. plot_predict3D (clf, X_test, [2, 3], pic_neck)
77. plt.subplot (gs[3])
78. plt.title ('The SVM training result from the aspect\n of neck position in 2D perspective')
79. plot_dataset2D (X_Neck, Y_test, [X_Neck.min (axis=0) [0] * 0.9, X_Neck. max (axis=0) [0] * 1.1, X_Neck.min (axis=0) [1] * 0.9, X_Neck.max (axis=0) [1] * 1.1])

80. plot_predict2D (clf, X_test, [2, 3])
81. pic_rshoulder = plt.subplot (gs[4], projection='3d')
82. pic_rshoulder.set_title ('The SVM training result from the aspect of\n right shoulder position in 3D perspective')
83. plot_dataset3D (X_RShoulder, Y_test, [X_RShoulder.min (axis=0) [0] * 0.9, X_RShoulder.max (axis=0) [0] * 1.1, X_RShoulder.min (axis=0) [1] * 0.9, X_RShoulder.max (axis=0) [1] * 1.1, -1, 4], pic_rshoulder)
84. plot_predict3D (clf, X_test, [4, 5], pic_rshoulder)
85. plt.subplot (gs[5])
86. plt.title ('The SVM training result from the aspect of\n right shoulder position in 3D perspective')
87. plot_dataset2D (X_RShoulder, Y_test, [X_RShoulder.min (axis=0) [0] * 0.9, X_RShoulder.max (axis=0) [0] * 1.1, X_RShoulder.min (axis=0) [1] * 0.9, X_RShoulder.max (axis=0) [1] * 1.1])
88. plot_predict2D (clf, X_test, [4, 5])
89. plt.tight_layout ()
90. plt.savefig (filepath+resultpic, dpi=700)
91. plt.show ()

#导入必要的模块
from readcsv import readx,ready,plot_dataset3D,plot_predict3D,plot_dataset2D, plot_predict2D
导入 numpy 为 np
import matplotlib.pyplot as plt
from matplotlib import gridspec
从 mpl_toolkits.mplot3d 导入 axes3d
从 sklearn.svm 导入 SVC
从 sklearn.model_selection 导入 train_test_split
从 sklearn.model_selection 导入 GridSearchCV
from sklearn.metrics import classification_report
from sklearn.metrics import confusion_matrix
从 sklearn.metrics 导入 ConfusionMatrixDisplay

```
# 指定输入文件（包括态势信息和投入度评级）和输出文件（包括混淆
  矩阵、分类报告和可视化图像）的目录和文件名
filepath = "F:\Design Research\recording clip 1\"
文件名   = "dataset.csv"
cmpic = " ConfusionMatrix .png"
resultname = "ClassificationReport.txt"
resultpic = "DecisionBoundary.png"

# 读取整个数据集并打开 分类报告 保存结果
X = np.array (readx (filepath+filename,[1,2,3,4,5,6]) ) .astype (float)
Y = np.array (ready (filepath+filename) ) .astype (int)
outputtxt = open (filepath+resultname, 'a+')

# 随机分割训练数据集和测试数据集
打印 ("开始分割)
X_train,X_test,Y_train,Y_test=train_test_split
(X,Y,test_size=0.25,random_state=2020)

# 调整 SVM 模型的参数
print ("start set param", file=outputtxt)
param_grid                               ={'C':[1e3,5e3,1e4,5e4,1e5],
'gamma':[0.0001,0.0005,0.001,0.005, 0.01, 0.1,1,10,100,1000,10000],}
clf = GridSearchCV (SVC (kernel='rbf') ,param_grid)

# 训练 SVM 模型
print ("start fit")
print ("start fit", file=outputtxt)
clf = clf.fit (X_train,Y_train)

# 保存最佳参数
print ("Best estimotor found by grid search:", file=outputtxt)
print (clf.best_estimator_, file=outputtxt)
print ("Predicting engagement on the test set", file=outputtxt)
```

# 测试 SVM 模型
Y_pred = clf.predict (X_test)

保存分类报告和混淆矩阵
print (classification_report (Y_test,Y_pred) , file=outputtxt)
print (confusion_matrix (Y_test,Y_pred))
disp = ConfusionMatrixDisplay (confusion_matrix=confusion_matrix (Y_test, Y_pred) , display_labels=clf.classes_)
disp.plot (cmap='PuBuGn')
plt.savefig (filepath+cmpic, dpi=700)
plt.show ()
print (confusion_matrix (Y_test,Y_pred) , file=outputtxt)
outputtxt.close ()

# 可视化测试数据集和决策边界
X_Nose = X_test[:, 0:2]
X_Neck = X_test[:, 2:4]
X_RShoulder = X_test[:, 4:6]

plt.figure (figsize= (9, 9))
gs = gridspec.GridSpec (3, 2, width_ratios=[1.78, 1])
pic_nose = plt.subplot (gs[0], projection='3d')
pic_nose.set_title ('The SVM training result from the aspect\n of nose position in 3D perspective')
plot_dataset3D (X_Nose, Y_test, [X_Nose.min (axis=0) [0] * 0.9, X_Nose.max (axis=0) [0] * 1.1, X_Nose.min (axis=0) [1] * 0.9, X_Nose.max (axis=0) [1] * 1.1, -1, 4], pic_nose)
plot_predict3D (clf, X_test, [0, 1], pic_nose)
plt.subplot (gs[1])
plt.title ('The SVM training result from the aspect\n of nose position in 2D perspective')
plot_dataset2D (X_Nose, Y_test, [X_Nose.min (axis=0) [0] * 0.9, X_Nose.max (axis=0) [0] * 1.1, X_Nose.min (axis=0) [1] * 0.9, X_Nose.max (axis=0) [1] * 1.1])

153

```
plot_predict2D (clf, X_test, [0, 1])
pic_neck = plt.subplot (gs[2], projection='3d')
pic_neck.set_title ('The SVM training result from the aspect\n of neck
position in 3D perspective')
plot_dataset3D (X_Neck, Y_test, [X_Neck.min (axis=0) [0] * 0.9,
X_Neck.max (axis=0) [0] * 1.1, X_Neck.min (axis=0) [1] * 0.9, X_Neck.max
(axis=0) [1] * 1.1, -1, 4], pic_neck)
plot_predict3D (clf, X_test, [2, 3], pic_neck)
plt.subplot (gs[3])
plt.title ('The SVM training result from the aspect\n of neck position in 2D
perspective')
plot_dataset2D (X_Neck, Y_test, [X_Neck.min (axis=0) [0] * 0.9,
X_Neck.max (axis=0) [0] * 1.1, X_Neck.min (axis=0) [1] * 0.9, X_Neck.max
(axis=0) [1] * 1.1])
plot_predict2D (clf, X_test, [2, 3])
pic_rshoulder = plt.subplot (gs[4], projection='3d')
pic_rshoulder.set_title ('The SVM training result from the aspect of\n right
shoulder position in 3D perspective')
plot_dataset3D (X_RShoulder, Y_test, [X_RShoulder.min (axis=0) [0] * 0.9,
X_RShoulder.max (axis=0) [0] * 1.1, X_RShoulder.min (axis=0) [1] * 0.9,
X_RShoulder.max (axis=0) [1] * 1.1, -1, 4], pic_rshoulder)
plot_predict3D (clf, X_test, [4, 5], pic_rshoulder)
plt.subplot (gs[5])
plt.title ('The SVM training result from the aspect of\n right shoulder position
in 3D perspective')
plot_dataset2D (X_RShoulder, Y_test, [X_RShoulder.min (axis=0) [0] * 0.9,
X_RShoulder.max (axis=0) [0] * 1.1, X_RShoulder.min (axis=0) [1] * 0.9,
X_RShoulder.max (axis=0) [1] * 1.1])
plot_predict2D (clf, X_test, [4, 5])
plt.tight_layout ()
plt.savefig (filepath+resultpic, dpi=700)
plt.show ()
```